説教黙想アレテイア叢書

三要文深読
shindoku

使徒信条

日本キリスト教団出版局[編]

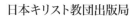

日本キリスト教団出版局

はじめに

使徒信条 深読のすすめ

平野克己

「わかる」と「かわる」

『説教黙想アレテイア叢書』として新しく刊行が始まったこのシリーズには、日本キリスト教団出版局の編集者の手によって「深読」というタイトルがつけられました。本書はその第二冊目です。

「深読」。おもしろい言葉です。

「速読」（そくどく）という言葉は知っています。文字通り、一冊の本を高速で読み上げていくことです。そのためのトレーニング法を伝授してくれる人たちもいるようです。

「多読」（たどく）という言葉も知っています。自分の関心と興味にあわせて、次から次へと様々な分野の本を読んでいく読書法です。

しかし、「深読」（しんどく）という言葉は、まだ耳慣れないように思います。スピードを落とし、ひとつの文章に留まり、じっくり時間をかけながら言葉の深みに分け入っていく。そうして、自分のものの見方や立ち居ふるまいに影響を与えるまで文章を味わっていくのです。

（なお、「深読」という言葉を聖書のために用いたのは、カトリック教会・カルメル会の修道司祭奥村一郎神父です［『聖書深読法の生いたち──理念と実際』オリエンス宗教研究所、1991 年］。奥村神父は実に興味深いメソッドを提案してい

ますが、本シリーズは同書にもとづいてはいません）

　歴史学者・阿部謹也氏が印象深いエピソードを紹介しています。

　大学生時代、ゼミの指導をした先生は、学生の研究報告を聞いたのち、いつも「それでいったい何が解ったことになるのですか」と問うたというのです。そして、こうも言われたそうです。「解るということはそれによって自分が変わるということでしょう」（阿部謹也『自分のなかに歴史をよむ』ちくま文庫、2007 年、21 頁）。

　そうです。「わかる」とは知識を手に入れることでも情報に精通することでもなく、「かわる」ことなのです。

　「深読」にも同じことが言えます。自分が変わることを求めて文章を読むのです。それでもこの「私」は頑固です。身についてしまった考え方があり、なかなか「かわる」ことができません。だから「わかる」までには時間がかかります。しかし、ほんものとじっくり取り組むとき、それまでの私が変えられていきます。あるときはゆっくり少しずつ。またあるときは長い時間を経たのちに訪れる、一瞬のひらめきのうちに。

「黙想」ということ

　私たちの信仰生活にとって大切な「黙想」もまた、聖書を「深読」するいとなみです。

　黙想は急ぎません。次々に思い浮かぶ連想に惑わされることも、聖書の言葉をすでにもっている平板な知識の中に押し込めることもしません。そうではなく、ある特定の聖書の言葉や信仰の言葉をゆっくり読み、言葉の森の中に入っていきます。言葉のひとつひとつに歴史があり、いのちがあり、神の声が潜んでいます。そのときに最も大切なのは、祈りです。心を静め、「主よ、お語りください」と祈りながら、この森の奥へと進んでいきます。

　やがて、平板に思えた文字の向こう側から、いのちにあふれた世界が立ち上がります。風が肌を撫で、せせらぎの音が聞こえてきます。鳥がさえずり、木漏れ日が射します。ときには、風が嵐となり、せせらぎが洪水となり、木立の陰で待ち伏せしていた獣に襲われ、出口の見えない暗闇に取り囲まれる

こともあります。しかし必ず、聖書の言葉を通して、しかも聖書の言葉を損なうことなく、新しく神の声が響き出します。

　信仰の詩人が「あなたの言葉が開かれると光が射し　無知な者にも悟りを与えます」（詩編 119:130）と歌った出来事、あるいは、教会の信仰者たちが「聖霊に照らし出された（聖霊の内的照明）」としか表現できなかった、不思議な聖書体験です。そのときを待ちながら、深く、さらに深く、聖書の言葉を味わい続けます。そうして、何時間、何日、何か月、何年、あるいは、生涯をかけて、聖書の言葉の文字の深みにたたえられている恵みを味わうのです。

　そして、そのような出来事は必ず起こります。聖書の言葉は、神がご自分の民に語りかけた言葉であるからであり、神の民がいのちを賭けて耳を傾けてきた言葉であるからです。

使徒信条によって神を発見し、私を発見する

　本書は使徒信条をめぐる黙想集です。

　最初に「序論」という冒頭の文章を、ていねいに読みはじめてみてください。いつの間にか、心を動かすこともなく口にしている使徒信条の言葉の奥行きを知ることができるでしょう。そうして、「我は信ず」から「永遠の生命（とこしえのいのち）」へとゆっくり進んでいくとよいでしょう。

　そのとき、心に置いておくと本書をさらに楽しめるに違いないことは、使徒信条の言葉の順序自体に豊かな流れがあることです。使徒信条は、断片的な教理集、キリスト者が大切にしてきた信仰箇条の単なる羅列ではありません。使徒信条は、私たちを信仰の旅へと誘う言葉です。

　使徒信条は、聖書全体の要約です。聖書の第 1 ページは天地創造から始まります（創世記 1:1「初めに神は天と地を創造された」）。最終ページは、主イエス・キリストが再び来てくださることで世界が完成されることを約束し、この世界への祝福の言葉で終わります（黙示録 22:20–21「これらのことを証しする方が言われる。『然り、私はすぐに来る。』アーメン、主イエスよ、来りませ。主イエスの恵みがあなたがたすべての者と共にあるように」）。天地創造から世界

の完成まで、私たちの短い人生を超えた、実に壮大な神の物語の中に、私たちは「我は信ず」と語りつつ足を踏み入れます。「天地の造り主」であり「全能の父なる神」を仰ぎながら。

　そこで私たちに出会ってくださるのは、神の「独り子」「我らの主」「イエス」「キリスト」です。続いて、この方の歩みを実に短い言葉で想起します。「聖霊によりてやどり、処女マリヤより生れ」「ポンテオ・ピラトのもとに苦しみを受け」「十字架につけられ」「死にて葬られ」「陰府にくだり」「三日目に死人のうちよりよみがへり」「天に昇り」「全能の父なる神の右に坐したまへり」、というように。私たちを罪と死と悪の力から解き放ち、まことの王として世界を支配していてくださるのは、この主イエス・キリストです。そして、この方は、私たちの旅の行く先からこちらに向かって逆走し、今まさにこの世界を訪れようとしておられます。「かしこより来りて、生ける者と死ねる者とを審きたまはん」。

　この長い旅路を歩むために、神はいま、「聖霊」として私たちを導き、励まし、きよめ、「聖なる公同の教会」「聖徒の交はり」に連ならせてくださっています。やがてこの旅が終わるとき、私たちはいま断片的に知っている神からの大きな賜物を必ずはっきり知るようになるでしょう。「罪の赦し」「身体のよみがへり」「永遠の生命」を。

　そのような見通しの中で、この使徒信条を構成する小さな言葉を、聖書の言葉と重ねあわせながら、味わっていきましょう。ひとつひとつの言葉にふれ、これらの小さな文字、短い文章の奥に隠されている宝を発見するとき、私たちは同時に、自分の人生の深みを知ることになるでしょう。使徒信条の言葉を通して父なる神・子なる神・聖霊なる神を再発見することと、その神に見出されたこの私・この私が呼び集められた教会・私たちが生きるこの世界を再発見することとは、ひとつのことであるからです。

　本書には、季刊誌『説教黙想アレテイア』に収録された文章が収録されています。「説教黙想」とは、礼拝で説教する役割を担う人たち、つまり説教者のために記された文章であり、執筆者の多くは現役の牧師たち、信頼でき

る黙想の導き手です。たとえあなたが説教することのない信徒、あるいはキリスト者が何を信じているかを知りたいと願っている方々であるとしても、本書を通して、使徒信条をめぐる「深読」を追体験できることでしょう。

　説教とは抽象的な言葉ではなく生きるための言葉、説教者自身が神によって「かえられたい」と願うゆえに、聖書の言葉を「わかりたい」と願いながら、ひたすら行われるわざであるからです。

目 次

＊本書は『説教黙想アレテイア』（108・109 号、2020 年）に掲載した説教黙想を、加筆の

　うえ書籍化するものである。

＊本書の聖書引用は『聖書　聖書協会共同訳』（日本聖書協会）に準拠する。

装丁　ロゴス・デザイン　長尾 優

使徒信条

我は天地の造り主、全能の父なる神を信ず。我はその独り子、我らの主、イエス・キリストを信ず。主は聖霊によりてやどり、処女マリヤより生れ、ポンテオ・ピラトのもとに苦しみを受け、十字架につけられ、死にて葬られ、陰府にくだり、三日目に死人のうちよりよみがへり、天に昇り、全能の父なる神の右に坐したまへり、かしこより来りて、生ける者と死ねる者とを審きたまはん。我は聖霊を信ず、聖なる公同の教会、聖徒の交はり、罪の赦し、身体のよみがへり、永遠の生命を信ず。アーメン。

使徒信条　序論

小泉　健

信条、基本信条、そして使徒信条

「信条」とは「信仰の箇条」、すなわち信仰を箇条書きにして端的に言い表したもののことである。キリスト教会では特に聖書に規範されつつ、信仰の規準を公に言い表した文書を信条と呼んでいる。その中でも、ニカイア信条、カルケドン信条、アタナシオス信条を世界教会信条（公教会信条）と言い、あるいは使徒信条、ニカイア信条、アタナシオス信条を基本信条と言う。これらの信条が公同的正統的な教会の教えを言い表しているからである。

　これらの信条はラテン語で symbolum と呼ばれてきた。今日でも英語で「信条」を意味する言葉として、creed（こちらはラテン語の「credo 我は信ず」に由来する）とともに symbol も用いられる。シンボルとは象徴、記号、標識のことである。信仰のもっとも基本的な内容は何か。教会が伝えようとする福音の内容は何か。それがはっきりとわかるように掲げる旗印、標識がシンボルである。使徒信条は、プロテスタントの諸教会においてもっとも広く受け入れられ、また用いられてきたシンボルであると言えよう。

使徒信条の成立

　ニカイア信条やカルケドン信条が異端との戦いの中で生み出され、公会議において宣言されたのに対して、使徒信条は教会の中で長い時間をかけて形

成されてきたと考えられている。おそらく洗礼を授けるにあたっての信仰の定式がその原型となった。そのような定式は2世紀半ばには存在していたと思われる。3世紀初頭に書かれたとされるヒッポリュトスの『使徒伝承』には洗礼式のあり様が描かれている。

　　　受洗者が水に入ると、洗礼を授ける者はその上に手を置いて言う。「全能の神である父を信じますか」。受洗者は答える。「信じます」。するとただちに洗礼を授ける者は受洗者の頭に手を置いたまま、一度目の水に浸す。
　　　それから次のように言う。「聖霊によっておとめマリアから生まれ、ポンテオ・ピラトのもとで十字架につけられて死に、三日目に死者のうちから復活し、天に昇って父の右に座し、生者と死者を裁くために来られる神の子、イエズス・キリストを信じますか」。受洗者が「信じます」と答えると、二度目の水に浸される。
　　　それから（洗礼を授ける者が）また尋ねる。「聖なる教会の中で聖霊を信じますか」。受洗者は答える。「信じます」。こうして三度目の水に浸される。

　　　　　　　　　　　　　（B. ボット『聖ヒッポリュトスの使徒伝承』49, 51頁）

　復活された主イエスが「父と子と聖霊の名によって洗礼を授け（なさい）」（マタイ 28:19）とお命じになったことに対応して、明白に三位一体的な形で洗礼のための問答が行われている。こうした三位一体的な枠組みを保ちつつ、細かい言葉遣いは地域によって、また時代によって多様であったし、とくにキリストについての告白は次第に付け加えられていくことになった。
　ヒッポリュトスが伝えているのは問答形式のものだが、3世紀ないし4世紀には一人称で信仰を公に言い表すようになり、いわゆる「古ローマ信条」ができたと考えられている。その原文は残っていないが、マルケロスがユリウス1世に宛てた書簡（ギリシア語、340年）に記されているもの、ルフィヌスの注解（ラテン語、404年頃）に出てくるものなどが伝えられている（ル

フィヌスによる『使徒信条注解』は、J. N. D. ケリーによる英訳がある)。それら
には使徒信条の基本的な要素はすでに備わっている。

　古ローマ信条はキリスト教世界の各地に広がり、それぞれの場所で、とく
に異端との戦いのゆえに追加が行われた。これがローマでも認められて公認
本文となった。今日知られている形での使徒信条は、もっとも古くは 8 世
紀初めにプリミニウスが記した文書に見られる。

「使徒たちの信条」

　古ローマ信条が用いられていた 4 世紀に「使徒たちの信条 symbolum
apostolorum」という言葉が使われた。この信条が使徒自身に由来すると述
べたのはルフィヌスの『使徒信条注解』(404 年頃) である。注解の冒頭でこ
のように語っている。

　　　わたしたちの主の昇天の後、聖霊の到来によって炎の舌が使徒たち一
　　人一人の上にとどまった。それによって彼らはさまざまの異なる言語を
　　話すことができるようになった。その結果、どの国も彼らにとっては見
　　知らぬ国ではなくなり、どの言葉も彼らの理解力を超えたものではなく
　　なった。それから主は彼らに、別々に異なる国に出かけて行って、神の
　　言葉を説教するようにと命じた。彼らがそれぞれにいよいよ出発しよう
　　としたとき、彼らはまず、将来の説教に備えて共通の定式を定めること
　　にした。彼らがこれから広く散らされていったときに、キリストを信じ
　　るようにと語りかける人々に対して別々のメッセージを伝えてしまうよ
　　うなことにならないためであった。そこで彼らは一つの場所に集まり、
　　聖霊に満たされて、将来の説教のために、わたしがここで説明するよう
　　な短いまとめを起草した。一人一人が自分に適していると判断した箇所
　　について貢献した。そして彼らは、これを回心者たちに基準となる教え
　　として与えることを決めた。

　　　(Rufinus, *A Commentary on the Apostles' Creed*, pp. 29-30. なおここでは用いな
　　かったが、小高毅編『原典 古代キリスト教思想史 3』教文館、179 頁以下に

も邦訳がある。）

　すでに見たように、使徒信条は実際には使徒たち自身にまでさかのぼるわけではない。ルフィヌスが語っているのは、いわば伝説である。しかし教会はこのような伝説を語ることによって、この信条が使徒的な信仰を言い表していることを表現したのだと言える。

　教会が教会であるためには、キリストについての正しい信仰を保持している必要がある。その際、正しい信仰とは使徒的な信仰のことである。キリストの死と復活の証人であり、聖霊を受けて地の果てにまで福音を説教するようになった使徒たちが伝えた信仰、それが使徒的な信仰である。使徒たちが使徒信条を起草したという伝説を語ることによって、教会は使徒信条に使徒的な信仰が言い表されていることを伝えたのである。

一つの福音を説教するために

　ルフィヌスが語っていることでもう一つ注目すべきなのは、使徒信条の作成が説教と結びつけられていることである。使徒たちは世界伝道に乗り出していくにあたり、説教の内容を確認するために使徒信条を作成したのだと言われている。

　使徒信条の歴史的な成立を考えれば、上に見たように、洗礼に際しての問答にその由来があると言える。しかし、使徒信条が教会でどのように使われたかと言えば、洗礼式以前に受洗準備教育で使われ、さらにそれ以前の伝道において使われ、それどころか説教の骨格をなすものとして使われたということになる。

　教会の使命は伝道することにある。だれもそれに反対しない。ところが信仰者の一人一人に対して「あなたも伝道の担い手になってほしい」と求めると、「いったい何を伝えたらいいのかわからない」ととまどう声が上がるかもしれない。いったい何を伝えるのか。それは、ルフィヌスの伝説からするとはっきりしている。使徒信条こそが伝えるべき内容なのである。

使徒たちと使徒信条

　ルフィヌスの伝説では、使徒たちが集まって使徒信条を起草した。その際、「一人一人が自分に適していると判断した箇所について貢献した」と言われていた。この部分が後に拡張されて、どの使徒がどの部分を作ったかの詳細が語られるようになった。8世紀に由来すると思われる作者不明の説教では次のように語られている。

　　　昇天から十日後、弟子たちがユダヤ人を恐れて共に集まっていたとき、主は約束された弁護者を彼らの上に送られました。弁護者が到来したとき、彼らは赤熱する鉄のように燃やされ、あらゆる言語についての知識に満たされ、信条を書きました。ペトロが言いました。「我は天地の造り主、全能の父なる神を信ず」。アンデレが言いました。「我はその独り子、我らの主、イエス・キリストを信ず」。ヤコブが言いました。「主は聖霊によりて宿り、処女マリアより生れ」。ヨハネが言いました。「ポンテオ・ピラトのもとに苦しみを受け、十字架につけられ、死にて葬られ」。トマスが言いました。「陰府に降り、三日目に死人のうちよりよみがへり」。ヤコブが言いました。「天に昇り、全能の父なる神の右に坐したまへり」。フィリポが言いました。「かしこより来りて、生ける者と死ねる者とを審きたまはん」。バルトロマイが言いました。「我は聖霊を信ず」。マタイが言いました。「聖なる公同の教会、聖徒の交はり」。シモンが言いました。「罪の赦し」。タダイが言いました。「身体のよみがへり」。マティアが言いました。「永遠の生命を信ず」。

（J. N. D. Kelly, Early Christian Creeds, p.3.）

　十二人の使徒たちがそれぞれ、自分にとって大切な信仰箇条を持ち寄ったのだと空想してみる。それらをつなぎ合わせると使徒信条ができたというのである。それなら、使徒信条を十二の部分に分割して、だれがどの部分を告白したのか。

　ここに紹介した説教では、十二人の中でただ一人十字架の足もとに立ち、

主イエスの死と埋葬とを見届けた愛弟子のヨハネが「主は十字架につけられ、死にて葬られた」と告白する。復活された主イエスが来てくださったときに居合わせず、「わたしは決して信じない」と言ったトマスが「主は三日目に死人のうちよりよみがへりたまへり」と告白する。主イエスに向かって、「栄光をお受けになるとき、わたしどもの一人をあなたの右に、もう一人を左に座らせてください」と願った二人のうちの一人であるヤコブが「主は天に昇り、全能の父なる神の右に坐したまへり」と告白する。そして、福音書記者たちの中でただ一人「教会」の語を用いて、教会についての主イエスの教えを伝えたマタイが「我は聖なる公同の教会、聖徒の交はりを信ず」と告白するのである。

　もちろんこれは、伝説をふくらませたさらなる伝説にすぎない。しかしここには、使徒信条を黙想するにあたって大切なことが示唆されているように思われる。それは、使徒信条と聖書との結びつきである。使徒信条が告白する一つ一つの箇条の背後には、当然のことながら聖書的な根拠がある。使徒的であるとは、聖書的であることに他ならない。使徒的説教であり、使徒的証言である聖書に立ち帰ることによってこそ、使徒的信仰をふさわしく理解することができるようになる。

　使徒信条をめぐる伝説から教えられることをもう一つ数えるならば、それは使徒信条と使徒たちの経験、使徒たちの物語との結びつきである。使徒たちは主イエスの後に従って歩み、主イエスの言葉を聞き、主イエスの御業を見た。まことに人となられたお方とこれ以上ないほど近く親しく触れ合いながら、このお方がまことに神であられることがわからなかった。復活された主に見つけ出していただき、聖霊に照らされて、初めて使徒たちはまことの信仰告白に至った。だからこそ、使徒たちの歩みをたどることで、使徒信条をより深く味わうことができる。

宗教改革における使徒信条の位置

　使徒信条が東方教会では用いられてこなかったことから、むしろニカイア信条を世界教会的な信条として重んじる向きもある。それも大切な視点であ

ろう。しかしプロテスタント教会に限って見るならば、使徒信条は教会のもっとも基本的な信条として重んじられてきた。

　宗教改革者たちは使徒信条を用いることによって、自分たちが「新しい」教会を作ろうとしているのではなく、古代、中世の教会と一致し連続していることを示した。使徒信条を告白する教会であることは、全体教会、公同教会に連なることを意味していたのである。

　ルターは『大教理問答』の第二部で信仰について教えるにあたり、使徒信条を説いた。カルヴァンは『キリスト教綱要』においても「ジュネーブ教会信仰問答」においても使徒信条を解説することによって信仰を論じた。「ハイデルベルク信仰問答」の第二部は「人間の救いについて」という題がつけられているが、その内容は「まことの信仰」を教える使徒信条の解説である。宗教改革の教会は使徒信条によって信仰を言い表し、また教えてきたと言える。

　使徒信条を告白することが、宗教改革の教会にとっては中世までの教会につながり、公同の教会につながり、聖書の信仰につながることであったように、わたしたちにとっては宗教改革の信仰につながることでもある。

クレドー（我は信ず）

　信条は洗礼式においてはすでに2世紀から用いられていたであろうが、主日礼拝において初めから用いられていたわけではなかった。主日礼拝においても信条が唱えられるようになるのは11世紀頃になってからのようである。しかしそれ以降は、礼拝の重要な要素となった。

　宗教改革者たちも礼拝において信条を用い続けている。牧師が読む。男女が一文ずつ交読する。会衆が歌う。信条の内容を歌詞にした賛美歌を歌う等々、用い方はさまざまだが、礼拝の中で用いられ続けてきたと言ってよい。ドイツの福音主義教会では、牧師が一人で読むことが広く行われていたが、ナチによる迫害の時代に会衆が皆で声をそろえて告白することが、いわば「再発見」された。信条は礼拝の中で心を合わせ声を一つにして告白するものである。

　信条は教会の信仰、共同体的信仰を言い表しているが、使徒信条の言葉そのものは「我は信ず」と一人称単数の形をとっている。教会の信仰の中に招かれつつ、洗礼を受けた際に「我は信ず」と応答したように、改めて主体的な信仰を表明するのである。

　「信じる」とひと口に言うが、「信じる」ことの中には、信ずべきお方のことを知らされ、このお方のことを正しく「認識する」こと、このお方に対して教会が持っている信仰と希望と愛に「同意する」こと、そして自分自身がこのお方への全面的な愛と服従をもって「信頼する」ことが含まれている。

　このように信じることへと向けて、このお方のことを正しく認識させ、教会の信仰と希望と愛を証しし、この方により頼むようにと招くのが説教である。だから説教への応答として、祈りと賛美だけでなく信仰告白が続く。信仰告白はさらに、告白者自身が他の人に神を伝え、自分の信仰を証しする伝道の言葉になる。このようにして説教を聞くたびに、より力強く、より確信をもって信仰告白することができるようになるのである。自分自身で信条を深く読み、黙想を深めるならば、説教と響き合いつつ、間違いなく信仰が強くされ、証し人として成長させられることになる。

参考文献

森本あんり『使徒信条──エキュメニカルなシンボルをめぐる神学黙想』新教出版社、1995 年

小高毅『クレド〈わたしは信じます〉──キリスト教の信仰告白』教友社、2010 年

B. ボット『聖ヒッポリュトスの使徒伝承』土屋吉正訳、オリエンス宗教研究所、1983 年

Rufinus, *A Commentary on the Apostles' Creed* (Ancient Christian Writers 20), The Newman Press, 1955.

J. N. D. Kelly, *Early Christian Creeds*, Longman, 1972[3].

我は信ず

吉田　隆

はじめに──**使徒信条を深く味わうということ**

　使徒信条に代表される信仰告白文を用いて、受洗準備の教育を行ったり、それらに基づいて説教をしたりすることは、古代教会以来の一つの伝統である（例えば、エルサレムのキュリロスの説教）。

　また、特に改革派教会の伝統においては、礼拝の中でカテキズム（『ハイデルベルク信仰問答』）などを用いて信仰告白をすることや、夕礼拝で聖書とカテキズムをテキストに説教することは、長い間一般的な習慣であった（『プファルツ教会規程』参照）。

　しかし、専ら特定の聖書テキストに基づく講解説教に慣れてきた説教者と会衆にとって、たとい公同の信仰告白であったとしても、それに基づく説教をしたり聞いたりすることは大きなチャレンジであろう。それ故、場合によっては、なぜ使徒信条から説教するのか、その意義やメリットなどを事前に教会の役員会に説明をして承諾を得たり、教会員にも口頭または文章で周知させたりするなどの配慮が必要かもしれない。

　説教者としては、しかし、使徒信条の連続講解というよりは、使徒信条各項に基づく主題説教と理解すればよいと思う。特定テキストの釈義に基づき独自のメッセージを取り出し語ることは一つの方法であるが、キリスト教信仰の真髄を聖書全体から横断的に語ることは、説教者にとっても会衆にとっ

ても益するところが多いに違いない。

　そもそも使徒信条とは、旧約・新約を通して現された父・子・聖霊なる神の御業についての告白またはその結晶化なのだから（本書「使徒信条　序論」を参照）、これに沿って聖書を理解することが最もふさわしい方法なのである。さらに、すべてのキリスト者にとって、この告白に即して学ぶことは自らの信仰の原点に立ち返ることでもある。

　本項では、それを前提とした上で、「我は信ず」という項目を思い巡らすためのいくつかのヒントを記すことにしたい。

「信ずる」とは何か

　信ずることが、最も根源的な人間の心の働きの一つであることは言うまでもない。考えるという理性もまた、そうであろう。これに感じるという感情も加えて、ちょうど心の三原色のように人の心の働きは生まれる。信じている内容を批判することはできても、信じることそれ自体を否定することはできない。しかし、その信仰の在り方には多様なレベルが存することも事実である。

　礼拝には出ていても使徒信条を共に告白（朗誦）できない方もいる。主の祈りや十戒は聖書の言葉だが、使徒信条のような得体の知れない教会の文章を異口同音に唱えることに違和感を覚えると、求道の友から言われたことがある。多くの部分は理解できなくはないが、「処女マリヤより生れ」や「死人のうちよりよみがへり」などはちょっと……と言われたこともある。しかし、そもそも使徒信条に語られるすべての項目が、人間にとっては信じがたいことなのだ。「神を信ず」からしてそうである。問題は、使徒信条が語り、聖書が言うところの「信ず」とはいったい何を意味するのかということであろう。

　ブルッゲマンによれば、聖書における「信仰」には、誠実さと信頼が求められると言う。旧約聖書の（そして新約聖書を貫く）中心的神学概念は契約であり、それは主なる神とその民との間にある「情熱的かつ相互作用的な関係」だからである。したがって、この契約関係を巡る最も重要な問題は、互

いに対する忠実さ・忠誠・誠実さとなるのだ、と（『旧約聖書神学用語辞典』「信仰」の項）。

　このことを「信ず」との言葉の語源から説明することもできよう。元来、ラテン語で書かれている使徒信条冒頭の「我信ず」は、「クレドー（Credo）」という言葉である。その語源を辿れば "cor dare"（心を与える）だと言われる。ちなみに英語の「信ずる（believe）」も、ゲルマン祖語で「愛する」という言葉に端を発しているそうである。つまり、いずれも「信じる」ことは愛することであり、相手に心を差し出すこと。相手に「信」を置くことなのである。このような関係は婚姻関係を想起させるが、聖書において神とその民がしばしば夫婦になぞらえられるのは興味深い（例えば、ホセア書２章）。

　かくして、聖書における信仰は人格的なものであり、言わば賜物である。それは、単に教えの内容を理解してそこに留まるということではない。その教えが指し示し、またその教えの源である神というお方を信頼することである。神を真に知るためには、まず信じる（信頼する）ことが必要なのだ（知解ヲ求メル信仰！）。

　もちろん、聖書は言葉によって神を伝えるのだから、言葉が神を理解する手段となる。そこに述べられている歴史的事象や証言を追究すること、聖書の論理を理解するという知性の働きを無視してはならない。しかし、それと「信ずる」という行為との間には、ある飛躍がある。神御自身は、決して言葉によって捕らえることができないからである。議論に説得されて信じるという類のものではなく、ある日、この見えざる神を信頼するという心が生まれる。そうして、信仰は生きたものとなる。

　このような信仰の性質を、『ハイデルベルク信仰問答』（問21）は次のように表現する。まことの信仰とは、単に御言葉において啓示された事柄を確信する「確かな認識」だけでなく、福音を通して聖霊が心のうちに起こしてくださる「心からの信頼」でもある、と。

　最初は奇跡など胡散臭いと思っていたのが、神というお方を「信じる」に至って、すべての疑念が霧のように晴れて行く。そんな信仰体験をする人がいる。事柄の可能性ではなく、究極的に神がなさることを信頼したからであ

る。それは、自分中心の小さな世界観から神中心の壮大な世界観への転換と言うこともできよう。そもそも自分がどこから来てどこへ行くのかさえ分からない存在の神秘、世界や宇宙の神秘。それらすべてを創造された圧倒的な神の神秘を認めることである。そして、その方の中に自らを委ねる。それが、人が神に対して為し得る唯一のことではないか。

その方。そのような信仰の在り方を最もよく例証する物語の一つを、〝信仰の父〟と呼ばれたアブラハムの物語に見てみよう。

アブラハム物語に「信仰」を学ぶ

「信仰によって、アブラハムは、自分が受け継ぐことになる土地に出て行くように召されたとき、これに従い、行く先を知らずに出て行きました」（ヘブライ 11:8）。

そのように神に従ったアブラムに、神は「あなたの子孫にこの地を与えよう」「あなたの子孫を地の塵のようにしよう」との約束を繰り返す。ところが、アブラムとサライ老夫婦には一向に子孫が与えられる気配もない。この現実に対してアブラムは、自分の僕が跡継ぎとなる他ないではないかと、自分の頭で考えられる限りの判断を神に申し述べる。が、神はそれを否定し、「その者があなたの跡を継ぐのではなく、あなた自身から生まれる者が跡を継ぐ」との約束を繰り返す（創世記 15:4）。

戸惑うアブラムを夜の闇へと連れ出した主は、「天を見上げて、星を数えることができるなら、数えてみなさい」「あなたの子孫はこのようになる」と断言する。すると「アブラムは主を信じた。主はそれを彼の義と認められた」（15:6）。こうして、主なる神とアブラムとの契約が結ばれるというのが、創世記 15 章の物語である。

この実にドラマチックな物語の中心は、満点の星空を仰ぎ見させて「数えられるなら数えてみよ」と言われる神と、それによって一切の疑念が消え去り「主を信じた」アブラムの姿である。ここには聖書の「信仰」の根源的な在り方がよく描かれている。

〝地の塵〟という人間が手で触れられる身近な現実からの類推ではなく、

〝天の星〟という想像を絶する宇宙の神秘に目を注がせたところが決め手であろう。一度でも文字通りの満天の星を見たことがある者はわかると思うが、それは恐れさえ感じさせる光景である。まるで自分が宇宙の中に吸い込まれるような錯覚にとらわれる。

この星々を数えてみよという無理難題を神が投げかける。しかし、問題は、それを無理難題と真に認めるかどうか。人間には分からない、理解不能なことがあるという事実、創造者なる神の世界の神秘の前には無力であることを認めるかどうかである。

このアブラムと神とのやり取りは、ヨブ記の最後（38章以下）に登場する神とヨブとの対話に似ている。義しい信仰者に降りかかる苦難という現実世界の不合理に納得できず「なぜ」と神に問い続けたヨブに、神御自身が答えるというヨブ記のクライマックスである。

ところが、ヨブへの神の答えは、その「なぜ」に一切答えるものではなかった。「あなたに尋ねる、私に答えてみよ。私が地の基を据えたとき　あなたはどこにいたのか。それを知っているなら、告げよ」（38:3-4）と、ひたすら被造世界の神秘を神はヨブに詰問する。もちろん、ヨブは何一つ答えることなどできない。が、驚くべきことに、その神の答えにヨブは満足する。そして「私は悟っていないことを申し述べました。私の知らない驚くべきことを。……それゆえ、私は自分を退け　塵と灰の上で悔い改めます」（42:3-6）と、神の前に頭を垂れる。すると、神もまた「あなたがたは、私の僕ヨブのように確かなことを私に語らなかった」（42:7）と、むしろヨブをたしなめた友人たちを叱責するのである。

人間の限界、その小ささ。あたかも自分が大きい者であるかのように錯覚して、神をさえ自分の認識の対象物として理解しようとする。その人間の愚かさは、圧倒的な宇宙の神秘にさらされる時、露わとなる。自分の存在など無に等しいことを思い知らされるからである。

「アブラムは主を信じた」という表現は興味深い。原文を直訳すれば「彼は主の中で確かに（アーマン）した」とも訳し得る。「確かにする」は「アーメン」と同じ語源の言葉である。遥かな星々を創造された、この大いなる

主という神の中にこそ確かなものを見出した。自らの「信」を置いたということである。解決の道が示されたわけではない。すべてに納得したわけでもない。それにもかかわらず、アブラムはこの方を信じた。この方に、自らを委ねた。そして、そのアブラムの在り方を、神は「義」と認めたと言われる。それは、人格的関係における正しさとも誠実さとも理解し得る概念である。

使徒パウロが、ユダヤ人であれ異邦人であれ、およそ神の目に罪人であるすべての人間が救われる道は、イエス・キリストを信じる「信仰」によってのみであると語る時（ローマ 3:28）、このアブラム物語に言及したことは偶然ではあるまい。人間には理解不能な神の一方的な救い。しかも御子の犠牲的な死によって成り立つ罪人の救い。その信じがたい神の御業に、私たちがすべてを委ねる。キリストの中に「信」を置く。それのみが、人を神との信実な関係へと回復する唯一の道なのだ。

「我は」信ず

使徒信条における「我は」という文言について思い巡らすこともまた、無益ではない。

使徒信条の「我は」とは、父・子・聖霊を信じて洗礼を受けるに至った信仰者の信仰告白に基づいている。他の誰でもない、この私が、我と我が身をこの神に委ねる。父・子・聖霊の神の中に自らを委ねる。それが「我は信ず」の意味である。そうして、この三一の神の名のもとに（中に）身を沈めることが洗礼に他ならない。

アウグスティヌスが証言しているように、少なくともローマの教会では、洗礼に先立って会衆の面前で自分の口をもって「我は信ず」と信条を告白していたようである（『告白』VIII.2.5）。パウロが「口でイエスは主であると告白し、心で神がイエスを死者の中から復活させられたと信じるなら、あなたは救われる」と書いているとおりである（ローマ 10:9）。

しかし、主体的に自分の口で信仰を表すとは、決して信仰が自分の力によるものだとか、自分だけのものであることを意味しない。三一の神への信仰は、あくまでも神の霊による賜物であり、一つの共同体となるためのものだ

からである（Ⅰコリント 12:1-13）。

　こうして、「我」と神との間に信頼関係が築かれたなら、その関係に誠実に歩む。それが、聖書が求める信仰の在り方である。この神は死んだ神ではなく、生きている方だからである。ヤコブ書が「信仰もまた、行いが伴わなければ、それだけでは死んだものです」と言う理由がそこにある（2:17）。神を信ずるとは、神が存在すると信ずるだけで終わるものではなく（悪霊さえもそう信じている！）、その神の心に応えて生きることである。それゆえ、私を赦して救ってくださった愛である神を信じていながら他者を憎む者は、「偽り者」だと言われる（Ⅰヨハネ 4:20）。

　加えて言えば、「昨日も今日も、また永遠に変わることのない方」（ヘブライ 13:8）を信ずるとは、「見えないものを確証する」（同 11:1）希望に生きることでもある。かくして、聖書に啓示された神を信ずることは、いかなる時代においても〝希望〟を呼び覚まし、〝愛〟に生きる力をもたらすのだ。

　使徒信条には、信ずべき項目のみで倫理についての項目がない。しかし、一つ一つの項目を信ずることは、必ずやそれにふさわしい生活へと促す力を持つ。そのことを意識しながら、使徒信条を味わいたい。

終わりに――説教や黙想のために

　冒頭に述べたとおり、使徒信条による説教は一種の主題説教である。説教である以上、それは御言葉に基づき、主題に関係する御言葉から語ることが望ましい。しかし、同時にそれは、単に一個のテキストの講解に終始するものではないから、様々なアプローチが工夫されてよい。

　使徒信条の当該項目に関わる会衆の生活感覚から始めて、やがて聖書の言葉に導かれ、その教理的理解、信仰世界の豊かさへと目が開かれ、そうして信仰者として生きることへの励ましと促しが語られる。そのような流れが一つのモデルとなろう。その際、信徒の教育を念頭におくことも、初心者向けの伝道的説教にすることも可能である。

　前者の場合には、より聖書を横断的に（いくつかの聖書箇所を相互に関連付けながら）語ったり、場合によっては教理史の知見に言及したりすることも

有益である。逆に、伝道的な説教の場合には、最初のアプローチを丁寧にして、聖書箇所もなるべく一つに（しかも物語を中心に）して語ることが良いのではないか。

　いずれの場合でも、このような信仰箇条が聖書信仰のいわば結晶であること、そしてそれを信じて生きることがどれほど慰め深くまた喜びに満ちているかを語ることが、使徒信条を説教する際に心すべき点だろう。

　他方、信徒が日々の黙想において使徒信条を味わうためには、本書のような使徒信条の解説書やカテキズムを用いることが有益であるし、コンコルダンス（語句索引）を用いて自ら聖書を探索してみることも、新たな発見や豊かな信仰世界へと導かれるに違いない。

参考文献

Nicholas Ayo, *The Creed as Symbol*, University of Notre Dame Press, 1989.

カール・バルト『われ信ず——使徒信条に関する教義学の主要問題』安積鋭二訳、新教出版社、2003 年

W. ブルッゲマン「信仰」（『旧約聖書神学用語辞典　響き合う信仰』小友聡・左近豊監訳、日本キリスト教団出版局、2015 年、所収）

加藤常昭『加藤常昭信仰講話 6　使徒信条・十戒・主の祈り（上）』教文館、2000 年

加藤常昭『加藤常昭説教全集 27　使徒信条』教文館、2006 年

ヤン・ミリチ・ロッホマン『講解・使徒信条——キリスト教教理概説』古屋安雄・小林真知子訳、ヨルダン社、1996 年

天地の造り主

荒瀬牧彦

　「天と地の造り主を信じる」という信仰の告白をめぐって、いくつかの聖書の箇所に基づいた黙想を試みる。

1、神は情熱をもって「造る」神である（創世記 1:1-2:4a）

　わたしたちの住む世界は、存在するのが当たり前というわけではない。神ならば世界の創造は当然の仕事、というわけではない。反対に、世界が存在しなかったとしても何の不思議もないのだ。カール・バルトは言う。「世界の創造は、神の、神御自身の中における、運動ではなく、ただ神の愛の中にのみ基づいた、自由な、外への働き（opus ad extra）であるが、しかしそれで神の自己充足性が傷つけられるわけでは決してない。つまり、世界は神なくしてはあり得ないが、神は、もし愛でなければ（そんなことは思いもよらぬことであるが）、世界なくしても十分存在できるのである。ルターは、『すべてこれらのことは、純粋に父としての神の好意と恵みによるもので、何らわが功績と価値によらない』と言い、しかもこれをわれわれの救いについて言っているだけでなく、既にわれわれの創造について言っているのである」（バルト『われ信ず』34-35 頁）。

　造るも造らないも自由であった。しかし神は造ることを選び給うた。世界の創造は、必要の故ではなく全くの自由から行われた神の芸術である。創

　世記1章は、いのちの創造への神の情熱の溢れと、そこに生じた喜びと興奮を描き出している。神は、「混沌として」いる地、そして深淵の面を覆う「闇」に向かって「光あれ」と語りかける。「すると光があった」。神が光を呼び出したのである。我々の存在というのは、つまり、こういうことなのである。神は一つひとつのものを呼び出し、御言葉によって存在を位置付ける。その創造の営みは「夕べがあり、朝があった」という時間の節目によって区切られ、一日一日の業を積み上げる仕方で整然と行われ、混沌から秩序が生み出された。

　そしてその一つ一つの区切りにおいて、「神は見て良しとされた」という神の肯定が語られる。六日目の人間の創造の後、「神は、造ったすべてのものを御覧になった。それは極めて良かった」。被造物であるわたしたちには、この「極めて良かった」の深さを十分に測り知ることはできない。しかし、魂を込めて造り上げ、遂に完成したマスターピースを前にして芸術家が吐く、喜びと充足の息を連想することは許されるであろう。

　以前、テレビで「光れ！　泥だんご」というドキュメンタリー番組を見た。ある保育園に教育心理学の大学教授が通い、園児らと泥だんごを作る。何日もかけて土を練り、固め、磨き、光沢を帯びた団子を作る。そこで教授はある実験を行った。園児を一人ずつ呼び、片手に造りかけの団子を持っている手の、反対側の手に、教授が特別に作った見事な出来栄えの傑作品を置くのだ。子どもは最高傑作を置かれると驚いた顔をするがその表情も体も固まってしまう。その傑作を欲しがる子は一人もおらず、他の子にそれを渡すか先生に返してしまう。そして自分の団子を大事そうに持って帰る。どんなに立派な作品より、自分が何日もかけて磨きに磨いた泥だんごが愛おしいのだ。その作品こそ、心の注がれたいわば自分の分身なのだ。

　我々の信じる神は、天と地とそこに満ちるすべてのものに、存在の喜びを満たしてくださる御方である。その御方の息を吹き込まれて今あるがゆえに、我々人間も「造る」ことに喜びを覚える。泥団子のような最も素朴なアートにも、自分から何かが生み出されることの純粋な喜びが生まれる。この喜びは、天地の造り主の歓喜から来る。

2、神は「天と地」を造られた（エレミヤ書 32:17）

地が被造物であるように、天もまた被造物である。旧約・新約で語られる「天」は、時代や著者によって少しずつ意味が異なる。創世記は大空を天と呼んだし（1:8）、福音書で天は父のおられるところ（マタイ 6:9）、御心が行われるところ（同 6:10）である。パウロは「第三の天」にまで昇ったことがあると語り複層的な天（Ⅱコリント 12:2）を暗示すると共に、信仰者の国籍があり、「そこから、救い主である主イエス・キリストが来られる」（フィリピ 3:20）という天を語る。天の理解は単純にはいかない。しかし創造主としての神を語る文脈において「天と地」が語られる場合、それは、神以外のすべて、すなわち被造物すべて、全宇宙を指すと理解してよいだろう。

コロサイ書 1 章 16 節には「天にあるものも地にあるものも　見えるものも見えないものも　王座も主権も　支配も権威も　万物は御子において造られた」という表現が見られる。人間にとって「地にあるもの」は「見えるもの」であり、「天にあるもの」は「見えないもの」と言えよう。五感によって認識できて、科学によって把握し得る世界だけが神の被造物なのではなく、人の認識や把握を超えた領域もまた、神に造られたものであり、神の支配下にある。天と地を造られた神を信じるとは、人の思いを超える神の支配を信じ、それに服するということを意味するのである。

バビロニア軍にエルサレムが包囲されているという状況下で、預言者エレミヤに主の言葉が臨んだ。「あなたのおじシャルムの子ハナムエルが、あなたのところに来て、『アナトトにある私の畑を買い取ってください。あなたには買い戻しの権利があるからです』と言うであろう」（エレミヤ書 32:7）。先祖代々の土地が神の嗣業であり、親族が買い戻す責任があるというのは律法から見れば筋の通った言い分であるが、しかし、間もなく外国に占領されるであろうという土地の権利証など、ただの紙切れと化すのは目に見えている。ハナムエルは王国の崩壊を目前にして、土地の権利を銀に替えたかったのである。しかし、エレミヤはこれを主の言葉と受け止めた。そして、銀 17 シェケルを払って土地の購入証書を受け取り、それをしっかりと保存す

るために土器に納めるよう書記のバルクに命じたのである。その後にエレミヤは祈る。「ああ、主なる神よ、あなたは大いなる力を振るい、腕を伸ばして天と地を造られました。あなたにできないことは何一つありません」（同32:17）と。

　バビロニア軍の力のゆえに都エルサレムが滅びるのではない。主なる神が、バビロンの王ネブカドレツァルの手に渡すのである。そして主なる神が、再び都をイスラエルに取り戻し、復興を導かれる。「天と地を造られ」た神を信じることは、神がどのような状況をも越えて、その民を愛し通して、歴史の中で働いてその民を救ってくださると信じることである。天を支配される方が、地においても支配をなされる。目に見える王座も、目に見えない主権も、すべて天と地を造られた神にある。エレミヤはアナトトの畑の購入証書を土器に納めるという行為を通して、そのような神への全面的信頼を表明したのである。

3、人とは何者なのか（創世記 2:7; 詩編 8:4-10）

　「神である主は、土の塵で人を形づくり、その鼻に命の息を吹き込まれた。人はこうして生きる者となった」（創世記2:7）。アダマ（土）の塵で造られたがゆえにアダムである。人よ奢るなかれ、お前は土の塵に過ぎない。しかし同時に、鼻の穴から創造者の霊をビューっと吹き入れられたものである。人よ忘れるなかれ、お前の内に命の息が宿っているのだ。

　詩編の詩人は、主なる神の指の業である天を仰ぎ、主の据えられた月星を見つめてこう歌った。「人とは何者なのか、あなたが心に留めるとは。人の子とは何者なのか、あなたが顧みるとは。あなたは人間を、神に僅かに劣る者とされ　栄光と誉れの冠を授け　御手の業を治めさせ　あらゆるものをその足元に置かれた」（詩編8:5-7）。人の誉れへの強調がかなり前面に出てはいるものの、創世記2章の人間創造理解と基本的に同じ構造にある。

　「人とは何者なのか」という驚きと当惑を忘れてはならない。本当は神が顧みてくださるに値しないものではないか。大自然を前にして、何の力も持たない小さく脆弱な被造物ではないか。神の被造世界を任せられるなどとい

う大それた特権を授けられるような者ではないのだ。この謙遜さを前提にしないところで、「神に僅かに劣る者」と奢る人間は、あたかも自分が神になったかのような錯覚を起こし、神の造られた美しい世界を破壊し始める。

　天地を造られた神を信じるとは、被造物が自らの低さ、小ささを知り、謙遜を学ぶことでもある。そして同時に、神に吹き込まれた命の息が自らに宿っていることを大切にし、被造世界への敬意と愛情をもって仕えることを自らの使命としなければならない。

　2008 年 8 月 8 日、北京オリンピックの開会式が行われる日の朝、発達した雨雲が北京市上空に近づいていた。そのため、午後四時から深夜にかけて、北京市内 21 箇所の発射基地から千発を超える「人工消雨弾」が打ち上げられ、会場に着く前で雨を降らせることにより、スタジアム上空を通過するはずだった雨雲を消滅させたという。国際連合が 2025 年までに世界的な水不足に直面すると警告したこともあって、各国で「人工降雨」の研究が行われてきているが、これはその一つの実践例であった。世界中が注目しているオリンピックを「成功」させるために、国家の威信をかけての雨消しであった。これは、人間の精神史において起こっている奢れる科学万能主義を如実に示す象徴的事件ではないだろうか。雨の降る降らないを、運動会のために人間の勝手な都合により左右しようとしたのだ。

　わたしたちの暮らしの多くの部分はお天気次第である。それが人間の精神性、そして霊性の基本である。神がデザインし、造り、「良し」とされたこの世界を、人は受け入れなければならない。それは全体として美しく、全体としてのバランスを保ち、個々の被造物はその中で生かされている。「受け入れる」ことから始めなければならない。

　予想される世界的な水不足。文部科学省が「渇水対策のための人工降雨」に費用を投じて研究するというのは根本的に間違っているのではないか。水不足は世界中の人間が知恵を絞って考えなければならない国際的な課題であるが、そのためには都市への人口集中、著しい貧富の格差の中での水ビジネスの暗躍、樹木の過剰な伐採といった、それこそ「人工」の諸原因に取り組むべきではないか。そして、生まれて来たすべての子どもたちに、貧富の差

を問わずに、安全な飲料水が確保される、という仕組みをこそ考えるべきではないか。それこそが、「神に僅かに劣る者」とされている人間の「栄光と誉れの冠」にかけて守るべき矜持である。わたしたちは、権力や資本のある者が自分たちの利益のために天気さえ変える一方で、清潔な水がないために死んでいく子がいる世界に住んでいる。医療ビジネスの生み出す巨額の利益のために高度な遺伝子操作の研究が猛烈な速度で進む一方で、栄養失調のために風邪のような軽い病気でも命を落としてしまう人々がなお多くいる世界に住んでいる。この文脈において、神の指の業なる天を仰ぎ、「人は何者なのか」を自問しなければならない。

4、偶像からの自由（出エジプト記 20:2-6; ローマ 1:18-25）

神が天と地、すなわち神御自身以外のすべてのものを造られた、ということは、世界の中にあるいかなるものをも神としない、ということである。また、呼び名はなんであれ、究極的な拠り所としての実質的な絶対者の地位に置かない、ということである。

奴隷状態から解放された民へと授けられた十戒は、その第一戒、第二戒において、主の他に神々があってはならないこと、彫像を造り、それにひれ伏し仕えることを厳しく禁じている。それは、いかに人間が偶像に惹かれやすいか、その支配下に置かれやすいかということの証左でもある。実際、神の民イスラエルは、ヤハウェ以外のものに心を寄せ、自らの存在基盤を切り崩すようなことを繰り返ししてしまうのである。十戒は、神が神とされ、人が人であることによって成り立つ自由を守るためのものである。

「十戒は私たちにめぐみによって生きる自由を教えてくれます」、「服従すべきものにほんとうに服従する時、私たちは自由なのです」（関田寛雄『十戒・主の祈り』105 頁）。十戒の精神から見るならば、「天と地の造り主」を真実に信じるということは、信じる者自身の自由を決して手離さないということである。

ここで、日本というコンテキストにおける神礼拝への危険について考えておきたい。日本語の「礼拝」という言葉は、「礼拝する者の礼儀、尊崇の

念のあらわし方に重点がおかれて、礼拝する対象は『神仏』という漠然とした言葉にとどまっている」という指摘がある（森野善右衛門『礼拝への招き』64頁）。キリスト教信仰においては、どなたを神として崇め、何を信じるのか、ということが最も肝心なことであるのに、信じる対象は何でもよいのであって、信じる者の心の持ちようが大切なのだ、という宗教性に絡め取られてしまう危険がある、という警告は深刻に受け止めねばならないことだろう。アジア太平洋戦争の戦時下、礼拝の前あるいは冒頭に「国民儀礼」が守られていたのは遠い昔の話ではない。そうなってしまう体質が今も残っているという怖れは十分ある。日本の教会はあの時、「天地の造り主、全能の父なる神を信ず」という信仰告白をどれほど意識したのであろうか。「それはそれ、これはこれ」と、葛藤を覚えることなく二つの世界を切り分けたのだろうか。

　2019年5月、天皇の代替わりがあり、平成から令和へと元号が変わった。（元号とは、時間を区切ることによって天皇がこの国の時空を支配していることを示威する制度である。単なる文化や習慣上の事柄ではなく、統治のための政治的な目的をもった仕組みなのである。）10月22日には「即位の礼」が行われ、この日は休日とされた。即位後に初めて行う新嘗祭という宮中祭祀は大嘗祭という特別な重要性をもった儀式と位置付けられ、前天皇即位の時にも各方面から強い批判と抗議があったことはまったく顧慮されずに強行された。一連の儀式のクライマックスである「大嘗宮の儀」は、11月14日夕刻から15日夜明けにかけて行われた。大嘗宮なる建物がこの儀式のためだけに、巨額の国費を投じて設営された。これは天皇が天照大神とその下にある神々との交わりを行う宗教儀式である。国民に主権がある民主主義の国、政教分離を旨とするこの国において、明白な宗教儀式が官費で行われるというのは由々しき問題である。しかしこれを宮内庁が取りやめることは絶対にありえない。なぜならこの宗教儀式なくして天皇は天皇ではないからである。

　国民の祝賀ムードがメディアによって煽られる中、天皇制の根本問題をめぐる議論は低調であった。キリスト教会の中でも、上皇や新天皇の温和な人間性や平和主義という面への好感から、天皇制を問うことは憚られる空気があったかもしれない。しかし、個々の人物への好き嫌いの問題や政治的姿勢

の問題ではなく、神信仰に立った人間の自由の問題として、この国に生きる信仰者は「あなたは天皇をだれと言うか」（松谷好明『改訂版　キリスト者への問い　あなたは天皇をだれと言うか』）という問いを避けるわけにはいかない。

5、神の栄光のために創造された神の作品
（イザヤ書 43:1-7; エフェソ 2:1-10）

電車の中で高校生たちの会話が耳に入ってきた。「お前、幽霊信じるか？」「まあまあ信じる」「UFO は信じる？」「ムッチャ信じる」「俺は自分以外信じない」と、楽し気に話している。聞きながら、「信じる」とはどういうことだろうと考えさせられた。

彼らの言う「信じる」とは、ある事物が存在すると考えることである。その「信じる」は自分の今後の生き方や態度決定に影響しない。「UFO を信じる」者は、「では信じるがゆえにどうするのか？」と問われて、「地球防衛軍に入る」とか「宇宙語習得を目指す」とはならないだろう。ところがキリスト教信仰において「信じる」とは、自分の実存がそこに関わってくることである。「天と地の造り主を信じる」とは、自分自身が天地の造り主に創造された被造物として生きるという決意と行動に至るものである。何を信じるかが、自分が何者であり、どう生きるかということを導き出す。

バビロン捕囚を経験し、どん底にあったイスラエルが、預言者の伝える「恐れるな。私があなたを贖った。私はあなたの名を呼んだ。あなたは私のもの」（イザヤ書 43:1）という声によって得たのは、「私の栄光のために創造し　形づくり、私が造り上げた者」（43:7）と神に呼ばれるもの、という自己理解だった。エフェソ書は「私たちは神の作品」（2:10）と言う。善い行いをして歩むために造られた神のマスターピースなのである。

教皇フランシスコは、回勅『ラウダート・シ』の中で、現在直面している生態学的危機は「心からの回心への召喚状」であると述べている。環境への関心を嘲笑したり消極的な態度を取る信仰者は皆、「エコロジカルな回心」を必要としていると説くその言葉は、プロテスタントの中にも強い共鳴を生むものである。エコロジカルな霊性の涵養は、創造の信仰を生きる我々にと

って周辺的なことでもなく些末なことでもない。天と地を創造された神の思いを、今の現実の中で生きるという信仰の中心にある課題である。

参考文献

カール・バルト『われ信ず――使徒信条に関する教義学の主要問題』安積鋭二訳、新教出版社、2003 年

関田寛雄『十戒・主の祈り』日本キリスト教団出版局、1972 年

森野善右衛門『礼拝への招き』新教出版社、1997 年

松谷好明『改訂版　キリスト者への問い――あなたは天皇をだれと言うか』一麦出版社、2018 年

教皇フランシスコ『回勅　ラウダート・シ――ともに暮らす家を大切に』瀬本正之・吉川まみ訳、カトリック中央協議会、2016 年

全能の父なる神

安井 聖

神は全能の力で救ってくださる父

使徒信条は、神が全能であり、父であられる、という信仰を固く結び合わせて告白している。神が父であられるとの信仰は、例えばイザヤ書が感動的な言葉で言い表している。「あなたは私たちの父です。アブラハムが私たちを知らず　イスラエルが私たちを認めなくとも　主よ、あなたは私たちの父です。『私たちの贖い主』がいにしえからあなたの名です」(63:16)。他でもない主イエスこそが「アッバ、父よ」(マルコ 14:36) と、乳飲み子が父に呼びかけるようにして祈られ、その主の祈りの姿に倣うようにして、最初の教会の人々も「アッバ、父よ」という言葉を大切にした (ローマ 8:15; ガラテヤ 4:6)。また神を全能者と呼んでいる箇所は、聖書の中にいくつも見られる (ちなみに旧約聖書ではヨブ記、新約聖書ではヨハネの黙示録に用例が多い)。

加藤常昭は説教全集の使徒信条講解の中で、次のように述べている。「聖書を読んでいますと、『全能の父』という言葉は出てまいりません。神を『全能の父なる神』と呼んでいることはないのです。それならば、使徒信条を作った教会は越権行為をしたのか。聖書に書いてないことを自分たちで言い始めたのか。そうではなくて、聖書が語り、そして自分たちもまた捕らえられたその神の力を、これは父としての全能の力であるとしか言いようがなかったのであります」(『加藤常昭説教全集 1　使徒信条』141 頁)。

　「全能」と「父」という二語を近接して用いる例が聖書の中で一度もない
としても、神を「全能の父」と言い表す使徒信条の言葉は、聖書の信仰その
ものを言い表している、との加藤の主張にわたしも心から同意する。聖書は
「全能の父」という言葉を使いはしないが、神がすべてのことを成し得る力
を用いて、父としてわたしたちを愛しておられることを語っているのである。

　加藤は説教全集においても、また信仰講話『使徒信条・十戒・主の祈り』
においても、「全能の父」のお姿を示す聖書の言葉としてマルコによる福音
書第 10 章 17 節以下を取り上げている。

　ある人が主イエスを訪ねてきた。マタイによる福音書は、それが青年だ
ったと紹介している。その青年が主に質問した。「永遠の命を受け継ぐには、
何をすればよいでしょうか」（17 節）。すると主は神の戒め、特に十戒の後
半部分を取り上げ、それらを行っているかと問われた。青年は、「先生、そ
ういうことはみな、少年の頃から守ってきました」（20 節）と答えた。これ
に対して主は言われた。「あなたに欠けているものが一つある。行って持っ
ている物を売り払い、貧しい人々に与えなさい。そうすれば、天に宝を積む
ことになる。それから、私に従いなさい」（21 節）。この主の言葉に、青年
は顔を曇らせて立ち去った。この人は金持ちだったのである。

　そこで主は弟子たちに言われた。「子たちよ、神の国に入るのは、なんと
難しいことか。金持ちが神の国に入るよりも、らくだが針の穴を通るほうが
まだ易しい」（24–25 節）。弟子たちは誰も、自分が金持ちだとは思っていな
かったであろうが、この主の言葉にうろたえた。「それでは、誰が救われる
ことができるのだろうか」（26 節）。自分たちにも、決して捨てることので
きないものがあることに思い当たったのではないか。それを手放さなければ
救いを手に入れることができないとすれば、いったい誰が救われることがで
きるのか。そんな弟子たちに、主は言われたのである。「人にはできないが、
神にはできる。神には何でもできるからだ」（27 節）。

　この 27 節は、まさに全能の神のお姿を言い表している。この青年も、ま
た弟子たちも、自分の力では永遠の命を手に入れることができないと強く思
い知らされた。しかしまさにその時、「人間にはできなくても、全能の神に

はあなたを救うことがおできになる」、そう主イエスは語りかけられたのである。

　加藤は次のように述べる。「神の全能は、何よりも、私のような者でも救ってくださるということなのです。そこで神の力が見えてくる。イエスは、そこでこそ神は何でもおできになる方だと、そう言われたのです」（『加藤常昭信仰講話6　使徒信条・十戒・主の祈り（上）』135頁）。したがってこの主の言葉は、まことに恵み深い、慰めに溢れる語りかけである。わたしはもうダメなのではないか。自分が救われる可能性がどこにも見えない。自分の力ではこんな自分をどうすることもできない。そう思って途方に暮れるわたしたちに、「神はあなたを必ず救うことがおできになる」と主は語りかけて、顔を上げるよう促しておられるのである。そしてわたしたちが顔を上げるなら、そこにはわたしたちを愛し救おうとしておられる父なる神のお姿が見えるのではないか。

神の摂理を信じる

　エーミル・ブルンナーも1939年に語った使徒信条の講解説教の中で、神が全能であられることと、神が父であられることとの関係について考察している。そして次のように述べる。「わたしたちは、神の全能と父のような愛との関係について知らねばならないのです。その両者は一つに結びついているのでしょうか」（『我は生ける神を信ず　使徒信条講解説教』31頁）。

　そう問いながら、両者が一つに結びつかないと思うような経験をすることがあるのではないかと語りかけ、こんな話をする。第一次世界大戦が終わった後のポーランドは、戦争の爪痕が残る状況だった。自分の夫、息子を戦争で失った女性たちの目の前で、生き残った子どもたちが飢えと寒さで泣き叫んでいる。そんな女性たちにとって、全能者にして父の愛をもって導いておられる神のお姿を、迷いなく信じることは難しかったに違いない。

　ポーランドの女性たちだけではなく、ブルンナーにも神を全能の父と呼べなくなるような経験があったのではないか。わたしたちも同じである。神はすべてのものを創造され、今そのすべてを全能の力をもって支配し、導いて

おられる。しかし、そのお方がいつも父の愛をもってこのわたしの歩みを導いておられる、というのは本当なのか。父なる神の愛を疑ってしまうような痛み、悲しみ、絶望を味わうことがあるではないか。

　全能の神が父であられるのかとの問いは、ブルンナーだけでなく、教会の信仰に生きた者たちの間でも、何より聖書の中でも繰り返し問われてきた。ハイデルベルク信仰問答の中で、使徒信条の「全能の父」という言葉は、次のように説き明かされている。「雨もひでりも、実り豊かな年も実らぬ年も……健康も病気も、富も貧しさも、すべてのものが、偶然からではなく、父としてのみ手によって、われわれに、来る」（竹森満佐一訳）。恵みの雨だけではない。実りをもたらさない日照りの時もある。自分の肉体が健康な時だけではなく、病気になることだってある。豊かさを与えられて生きることができていたかと思えば、貧しさにあえぐこともある。しかし、そのどちらも父なる神がお与えになったもの、そう信じることが神を全能の父と信じることに他ならない、と語る。

　そしてハイデルベルク信仰問答のこの言葉と同じ内容を、わたしたちは聖書の言葉に聴き取ることができる。それはイザヤ書第45章7節である。「光を造り、闇を創造し　平和を造り、災いを創造する者。私は主、これらすべてを造る者である」。光も闇も、平和も災いも、すべて神が造り与えておられると語る。ハイデルベルク信仰問答は、まさにこのイザヤ書の言葉を語り直しているのである。すべての出来事が偶然からではなく、父なる神の御手からわたしたちに来る。

　わたしは特にハイデルベルク信仰問答の「健康も病気も」という言葉を、今身につまされる思いで聴いている。ちょうどこの原稿を書き終えた直後に、わたしは心臓の病気のために手術を受けることになっている。手術の結果、これまでと同じような生活ができなくなる可能性もある。そんなわたしが、健康も病気も神の御手から来る、という信仰を受け入れられるのか。何よりこの信仰を受け入れた時、わたしに何が起こるのか。

　そんなふうに考えていた時、このイザヤ書の言葉が慰めに満ちた言葉として響いてきた。あなたが今災いと思えるような経験をしているとしても、そ

れはわたしがあなたに造り与えたものだ、そう語りかけてくださりながら、神はこのわたしの現実のすべてがご自分の支配の下にあることを示しておられる。もし災いと思われる出来事を「これは偶然に起こったのだ」と思うなら、その偶然の出来事が今後どこに転がっていくかなどさらにわからず、不安の渦に飲み込まれてしまう。しかし神は言われる、「災いと思われるこの出来事は、偶然などではなく、わたしが造り与えたのだ」。なぜ神がそうなさるのかはよくわからない。しかし意地悪をしておられるのではない。わたしのために御子のいのちをも惜しまずに与えてくださった神が、わたしに祝福以外のものをお与えになるはずがない（ローマ8:32）。そういうお方が、たとえ災いと思われるような出来事の中にあっても、祝福の支配を貫いておられる。これこそ教会が、「神の摂理」という言葉で言い表してきた信仰である。

　もっとこうしておけば、ああしておけば、今のような状況にはならなかったのではないか、わたしたちはそんな後悔の思いにがんじがらめになってしまうことがある。今よりもっと悪い状況になってしまうのではないか、と恐れと不安に心奪われてしまうことがある。そんなわたしたちに、摂理の神は力強く語りかけてくださる。「あなた自身の愚かな過去が、今のあなたを支配しているのではない。偶然もあなたを支配することはない。このわたしがあなたのすべてを支配している。闇と思われる出来事も、わたしの許しの下で起こっている。そして何より知ってほしいのは、わたしはあなたを祝福する神なのだ。だから安心して、わたしを見上げて歩んでごらん」。

　さらにイザヤ書第45章5節の言葉に、わたしは力づけられた。「わたしは主である。わたしのほかに神はない、ひとりもない。あなたがわたしを知らなくても、わたしはあなたを強くする」（口語訳）。わたし自身は、どんな時でも摂理の神を信頼して生きることができるわけではないかもしれない。恐れと不安に引きずられて、神のお姿が見えなくなってしまうことがあるかもしれない。しかし神は、わたしがどのような不信仰に陥ったとしても、「わたしはあなたを強くする」と語りかけていてくださる。それならば、わたし自身がどうなろうとも神がわたしを捉えていてくださるから大丈夫だ、

そんな心の余裕が与えられた。ここにも、父としてわたしたちを愛しておられる神のお姿がはっきりと示されているのである。

十字架──神の全能の力が最も発揮された出来事

わたしは以前、トーマス・トーランスが主イエスの十字架の出来事を説き明かす言葉を読んで衝撃を受けた。

「彼ら（弟子たち）は皆、ひとり残らずイエスを見捨て、イエスが彼らをご自身に結び合わせたその愛を裏切ってしまった……〔イエスは〕まさしく彼らの罪、すなわち彼らがご自分を否認することさえも用い、彼らをご自分に結び合わせるための驚くべき手段としてそれを用いたからである。その時、弟子たちはキリストの受難を、聖人のためではなく、まさに罪人のためのものとして理解した。説明しがたい神の愛において材料として用いられたものは、彼らの罪、彼らの裏切り、彼らの恥、彼らの卑劣さであった。神はその愛の資材を保持し、絆へと変えられた。この絆によって彼らは、十字架につけられたメシアに結びつけられ、神の救いと愛とに永遠に結び合わされたのである。……ここで私たちは口に手を当て、ただ恐れおののきつつ神の赦しの愛の中で語らざるをえないのだが、このイスラエルはメシアを拒否するためにも選ばれたのである。もし神とイスラエルの契約のパートナーシップが、ただ単に神に対するイスラエルの対立が強められるようになっただけでなく、その対立が契約の成就において頂点に達することを意味したとすれば、イスラエルは神の下でメシアを拒否する以外になかったであろう。そして、ペンテコステの日にペトロが告げたように、それはまさしく神が意図されたこと、すなわち神の救いの御旨を私たちが最高に否定するまさにその頂点で、神は私たちの罪に対処するという神の決定において意図されたことなのである」（『キリストの仲保』76-77 頁）。

よく知っているつもりでいた主イエスの十字架が、どれほど力強い恵みの出来事であるかに気付かされた。弟子たちが主を裏切り、イスラエルが主を拒否するという、まさに人間が犯した神への最大の反逆行為そのものを、神は資材として用い、ご自分と人間との絆とされたのである。

　ベルリンの教会の牧師としてナチスに抵抗したヘルムート・ゴルヴィツァーも、ナチスに兵役に就くことを強いられ東部戦線に送られる直前の最後の説教の中で、トーランスと同じような仕方で十字架を説き明かした。「人類は罪に陥る前に救われるということはありませんでした。人類の罪が全く明らかになり、全く出口のない状態になったところで、最後までその罪が貫かれたところで救われるのであります」（『ドイツ告白教会の説教』182 頁）。母国が罪を重ね滅びに向かっていく惨状の中で、また自分たちの抵抗が踏みにじられる無力感の中で、ゴルヴィツァーはそのような罪の現実とは違う場所を指差して、「ほら、ここに救いがある」とは語らなかった。自分たちの罪が極まったまさにその現実を指差して、「ここに、神は救いの道を切り拓いておられる。それこそが十字架の出来事だ」と語る。

　罪の現実に気付かされ、その罪から離れようとした時にではなく、わたしたちが最大の罪を犯している時に、すなわち神が与えておられる救いそのものであるお方を殺しているその時に、その罪の行為と結果そのものである十字架を、神はわたしたちとのいのちの絆としておられる（ローマ 5:8, 10）。まさに驚くべき出来事である。このような仕方で神がわたしたちに介入してくださるなら、この救いのみわざが届かないような罪の現実など決してない。ここにこそ、わたしたちを罪から救ってくださる神の全能の力が現されている。マルティン・ルターも十字架に現された神の全能の力を信じていたから、後輩の牧師シュパラティンを励ます手紙の中で、十字架の主イエスを指さしながら、「このお方は最大、最悪の、要するに、地上の罪すべてを犯した者をも救い得る方なのだ」と語りかけることができたのである。

　同時に、どんな罪人をも救ってくださる全能なる神のお姿を前にして、わたしたちもトーランスと共に畏れをもって、次の事実を心に刻まないわけにはいかない。これほどの救いを与えてくださるために、主イエスは神に捨てられる死を死んでくださった（マルコ 15:34）。そして神は、御子の苦難を通してわたしたちをご自分の子としてくださる道を選んでくださった（Ⅰヨハネ 3:1; 4:9-10）。そのように独り子を犠牲になさる神の父としての愛が、わたしたちの救いを基礎づけているのである（ヨハネ 3:16）。わたしたちは深

い畏れと、心からの悔い改めと感謝をもって、この救いの出来事の前に立たざるを得ないのである。

黙想のために

使徒信条の「全能の父」という言葉を黙想するに際して、神が全能者であられ、父であられることを、切り離さないで一つのこととして味わうことが重要である。この黙想では、両者の関係を問い、それに答えるという仕方で言葉を紡ぐ試みを行った。そこで浮かび上がったのが、本稿で小見出しにした３つの論点であった。

参考文献

E. ブルンナー『我は生ける神を信ず──使徒信条講解説教』大木英夫訳、新教出版社、1962 年

加藤常昭『加藤常昭説教全集 1　使徒信条』ヨルダン社、1989 年

加藤常昭『加藤常昭信仰講話 6　使徒信条・十戒・主の祈り（上）』教文館、2000 年

T. F. トーランス『キリストの仲保』芳賀力・岩本龍弘訳、キリスト新聞社、2011 年

H. ゴルヴィツァー「ルカによる福音書第 19 章 41–44 節」『ドイツ告白教会の説教』加藤常昭編訳、教文館、2013 年

独り子

須田 拓

使徒信条は、父なる神についての告白に続き、御子なる神について告白する。「我はその独り子、我らの主、イエス・キリストを信ず」。独り子を信ずとは、父なる神には子があり、それがただお一人であることを信じるということである。言い換えれば、あの私たちと同じ人間として歩まれたナザレのイエスというお方がそのお方であること、つまり主イエスはただ人間であるだけでなく、神の御子であるということである。

独り子の教理的理解

このキリストが神の独り子であるとの告白は、私たちの信仰の中核を形作るものである。

新約聖書は、主イエスを神の子であると繰り返し証言している。主が洗礼者ヨハネから洗礼を受けた際、「あなたは私の愛する子、私の心に適う者」との声が天から聞こえたとマルコは記している（マルコ 1:11）。「それでは、あなたがたは私を何者だと言うのか」と主から問われた時、ペトロは「あなたはメシア、生ける神の子です」（マタイ 16:16）と告白した。また、百人隊長は十字架の下で、「まことに、この人は神の子だった」（マルコ 15:39）と口にした。

旧約聖書において、例えばサムエル記下 7 章 14 節や歴代誌上 17 章 13 節

等、ダビデの王座にある者が神の子と呼ばれ、例えば主の洗礼の場面で天から聞こえてきた「あなたは私の愛する子」という言葉は、詩編2編7節「あなたは私の子。私は今日、あなたを生んだ」（あるいはイザヤ書42:1「見よ、私が支える僕」）との関連が指摘される。また、主イエスの時代、ローマ皇帝もしばしば「神の子」と称されたとされ、だから百人隊長の告白は、ローマ皇帝ではなく主イエスこそとの告白でもある。

　しかし、聖書の記述はそこに留まらない。復活の主に出会い、十字架のみ傷を示されたトマスは「私の主、私の神よ」（ヨハネ20:28）と告白した。つまり、このお方はただメシア的王であるだけでなく、神ご自身であるというのである。あのペトロや百人隊長の告白も、この観点から理解される必要がある。

　キリストが神の御子であり神であることは、キリスト教信仰の出発点である。もちろん、一人の人間が、そのなした業の故に神とされたのではない。そのようないわゆる養子論的な理解ではなく、先在の御子、即ち、あのクリスマスの日にお生まれになる前から永遠に神の御子としておられるお方が、人として来られたと理解しなければならない。もちろん、仮現論に陥ることも防がなければならず、そのような真の神であるお方が真の人性をとられたこともしっかりと受け取る必要がある。

　教会は、ニカイア信条以来、神の御子と父なる神とはホモウシオス（同一本質）であると告白してきた。つまり、神の御子は父なる神と別のお方ではなく、本質を同じくするお方である。さらに、神は父・子・聖霊という三つの位格（ヒュポスタシス）を持ちながら本質（ウーシア）において一つであると告白されてきた。つまり、神の御子は三位一体の神の一位格であり、そのお方が受肉されたのが主イエスである。そして、キリストは神性と人性とを持ち、しかしそれらが別々の人格を持つのではなく、一つの位格（ヒュポスタシス）の中に、神性と人性の両方を、「混合されたり変化したりすることなく、また分割されたり分離されたりすることなく」（カルケドン信条）持つのである。

　このように、「独り子を信ず」とは、あのナザレのイエスというお方を、

三位一体の神の一位格であるお方が受肉し、人性をとったお方であると信ずることである。

贖罪の根拠としてのキリストの神性

主イエスが神の御子であることは、私たちの信仰全体に大きく影響している。例えば、あの十字架が私たちの罪の贖いであることは、このお方が神人両性を持つことに深く関係している。例えばアウグスティヌスは、主は人性を持っておられたからこそ殺され得たのであり、逆に神性を持っておられたからこそ、あの十字架は志半ばでの挫折の死ではなく、なすべきことを成し遂げた死であると信じられると語った（『三位一体論』XIII.18）。キリストが真の神でなければ、一人のお方の死が私たち全ての罪を清めるほどの価値をもつものであるとは言えないだろう。逆にキリストが真の人でなければ、あの十字架の死がこの私たちの罪を負ったものではあり得なくなる。

また、カルヴァンは、キリストが罪と死と悪とに打ち勝たれたのは、キリストが義そのものであり、生命そのものであり、天上の主権と権能を持つお方である故、つまりこのお方の神性の故であると語った（『キリスト教綱要』II.12.2）。

そしてそもそもキリストが神と私たちの間の仲保者であるのは、このお方が真の神にして真の人であるからである。

教会は十字架につけられたキリストを宣べ伝えてきた。主イエスの十字架は私たちの罪のためであり、その死によって私たちの罪が赦され、神との和解がなされた。しかし、それはこのお方が神人両性を持つお方であることと深く結びついている。とりわけ、あの十字架の死が私たちの罪を贖うものであることは、このお方の神性にかかっていると言っても過言ではない。そして、このお方が「独り子」であることは、ただこのお方の許にのみ私たちの救いがあることを意味しているのである。

愛なる神を示されて

ところで、キリストが神の御子であり神であるとの告白は、このお方に神

ご自身が啓示されていることを意味する。それをヨハネは「父の懐にいる
独り子である神、この方が神を示されたのである」（ヨハネ 1:18）と記した。
「いまだかつて、神を見た者はいない」というように、私たちは神を見るこ
とはできない。神はモーセに「人は私を見て、なお生きていることはできな
い」（出エジプト記 33:20）と言われたし、申命記 4 章 12 節や詩編 97 編 2 節
では、神は目に見えないお方であることが示唆されている。

　そもそも神は超越的なお方であり、私たちはそのままでは神を知ることは
できない。神のお姿を知るには、神がご自身を私たちに啓示してくださらな
ければならない。従って、人としてこの世にお出でくださったキリストが神
の御子であるということは、その神ご自身がこのお方においてご自身のお姿
を示してくださったということでもある。

　ヨハネによる福音書 1 章は、主イエスを、神であるロゴスの受肉である
とした。言が「私たちの間に宿った」（ヨハネ 1:14）というのは、天幕を張
るという意味の言葉であり、「父の独り子としての栄光」をそこに見たと続
けられるが、この天幕や栄光というのは、出エジプト記 33 章 7–20 節や 40
章 34–38 節が意識されているとされる。つまり、モーセが天幕において神
と語り、主の栄光が幕屋に満ちたように、この主キリストにおいて私たちは
神と出会い、そこに神の栄光を見るというわけである。それは、このお方が
神の御子であり、神ご自身であるからであり、このお方が独り子であること
は、このお方にのみ、見える神の啓示があるということである。

　ヨハネはさらに 3 章 16 節で「神は、その独り子をお与えになったほどに、
世を愛された」と語り、その主イエスにおいて啓示された神は、独り子をお
与えになる神だとする。「独り子」という言い方は、旧約聖書では創世記 22
章のアブラハムによるイサク奉献の出来事でイサクに対して用いられ（他
にアモス書 8:10 などでも使われている）、新約聖書でもヘブライ人への手紙で、
アブラハムが「独り子を献げようとした」（ヘブライ 11:17）と、やはりイサ
クについて用いられている。従って、ヨハネの、独り子を与えるという言い
方は、創世記 22 章のアブラハムによるイサク奉献の記事を意識していると
される。つまり、アブラハムが神の命令によって愛する独り子イサクを献げ

ようとした姿を重ね合わせつつ、しかしそれを神ご自身がなさったことへの
驚きがここに表されているというわけである。従って、「独り子をお与えに
なった」とは、単に御子をこの世に人として遣わしたことだけでなく、十字
架への道を歩ませ、十字架で犠牲にされたことをも指している。そして、そ
れは、御子の命を犠牲にしてでも、罪深い世、即ち私たちを救おうとされた、
神の愛が示された出来事であると言い、ヨハネの手紙でも同様のことが語ら
れている（Ⅰヨハネ 4:9-10）。

　ヨハネは、主イエスの十字架への歩みに、私たちに対する神の愛を見てい
る。そして、その主イエスが「独り子」であると言うことで、この、私たち
のためにご自身の愛する独り子を犠牲にされるほどに私たちを愛してくださ
る愛のお姿こそが、神のお姿の本質であり、神はそのようなお方に他ならな
いことを明らかにしている。

私たちも神の子に

　ところで、新約聖書において「神の子」という語は、主イエスにのみ用い
られているのではない。例えば「神の霊に導かれる者は、誰でも神の子なの
です」（ローマ 8:14）、「あなたがたは皆、真実によって、キリスト・イエス
にあって神の子なのです」（ガラテヤ 3:26）というように、キリスト者に対
しても用いられている。ガラテヤの信徒への手紙は、「時が満ちると、神は、
その御子を女から生まれた者、律法の下に生まれた者としてお遣わしになり」、
それは「律法の下にある者を贖い出し、私たちに子としての身分を授けるた
め」であったと記し（ガラテヤ 4:4-5）、キリストが来られたのは私たちを神
の子とするためであったと語る。そして、エフェソの信徒への手紙は、それ
は天地創造の前からの神の選びに基づくという（エフェソ 1:4-5）。

　しかし、私たちが神の子とされる根拠は、主イエスが神の御子であること
にこそある。パウロが「キリスト・イエスにあずかる洗礼」（ローマ 6:3）と
言うように、洗礼と信仰によって私たちはキリストに結ばれ、キリストと一
つにされる。神の御子であるお方と一つにされるのであるから、私たちも神
の子とされるのである。もちろん、キリストはその「長子」（ローマ 8:29）

であり、神の真の子であるのに対し、私たちはいわば養子とされる。

　カルヴァンは、私たちが信仰によってキリストに結ばれることから、義認と再生という二つの恵みが出てくるとした。キリストと一つにされることで、キリストの義が転嫁され、義なき者が義と宣告される。それと同時に、古い私が死んで、神の子という新しい命に生きる者として再生され、聖霊によって聖化される歩みが始まる。洗礼によって「私たちは再生の洗いを受け、聖霊により新たにされて救われた」（テトス3:5）のであり、「誰でも水と霊とから生まれなければ、神の国に入ることはできない」（ヨハネ3:5）と言われた、その「水と霊とから生まれる」ことがそこで起こったのである。

　ヴォルフハルト・パネンベルクは、主イエスが神を「父よ」と呼んだことに注目した（『組織神学入門』第4章、『組織神学』第2巻など）。神を「父」と呼ぶことは、主イエスに特徴的なものであると彼は指摘する。つまり、そこには父なる神との間の、父と子としての親しい交わりがあるというのである。そして、それは三位一体の神の内にある父と子の関係（パネンベルクはそれを御子の自己区別と呼ぶ）の表れであるとし、そこに「神の像」を見、主イエスを神の像を回復した「新しい、終末的人間」と表現した。

　しかし、そうであれば、私たちもこの交わりへと招かれている。私たちも洗礼と信仰によってキリストに結ばれ、神の子とされる。それはまさに、この主イエスと父なる神との間の、「アッバ、父よ」「愛する子よ」との親しい交わりの中に招かれることでもある。そして、そのように私たちが神の子とされるのは、この神の御子であるお方がおられ、その御子性を持つお方に私たちが結ばれるからである。

　キリストは、三位一体の神の一位格であるお方が受肉して人性をとられたお方である。そのようにこの世へと低く降ってきてくださったお方である。アタナシウスはこの御子の受肉について、「この方（ロゴス）が人となられたのは、我々を神とするためである」（『言（ロゴス）の受肉』）と語ったが、神化の教理はそのまま受け入れるわけにいかないとしても、神の御子は私たちを神の子へと引き上げるためにこそ低く降ってくださったと私たちは信じるのである。

黙想のために

　果たして神はおられるのだろうか、天地を造られたお方は本当におられるのだろうかと人はしばしば問う。信仰者もまた、神がおられるなら何故何もしてくださらないのかと問うこともあろう。しかし、「独り子を信ず」と告白することは、この世に来られ、歴史を歩まれたキリストを見つめつつ、ここに確かに神はおられると信ずることである。

　神は単に「救い主」をこの世にお立てくださったというだけでなく、御子がこの世に遣わされるという仕方で、神ご自身であるお方がこの世に来られた。そして、人となられたキリストは、私たちのために十字架にかかられた。つまり、神は決して私たちに無関心であるお方ではない。この世に御子を送り、その私たちの罪を担われるほどに、私たちに関心を向け、私たちを愛し、それ故に私たちのために働いてすらくださるお方である。

　「父の懐にいる独り子である神、この方が神を示されたのである」（ヨハネ1:18）、つまり、ただこのお方を見よと聖書は語りかけている。教会は十字架を掲げ、「十字架につけられたキリスト」を指し示してきた。この独り子であるお方が既に来られ、確かに私たちを救うためにこのお方を犠牲にされる神のお姿が示されていること、そのお姿が歴史の中にはっきりと刻まれていることをじっくり味わいたい。

　神の独り子であるお方はこの世に来られ、私たちの罪を負って十字架へと向かわれた。キリストは十字架の死から三日目に復活されて今生きておられ、私たちはこのキリストに結ばれた。パウロはしばしばその状態を「エン・クリストー」と表現する。キリストに結ばれ、キリストの中に置かれることは、このお方が神の御子であり神ご自身である故に、神のものとされることでもある。

　主イエスは「神の国は近づいた」（マルコ1:15）と、神の国の福音を宣べ伝えられた。「国」と訳されるバシレイアは支配を意味する。従って神の国が神の支配のことであるならば、「神の国は近づいた」とは、神の支配が到

来したということである。確かに主イエスの到来は、神性を持ち、神の御子ご自身であるお方がこの世に来られたのであるから、まさに神の支配の到来であったのではないか。そして、私たちがこのお方につながり、神のものとされたことは、私が神の支配の中に置かれたということではないだろうか。

　私たちは、何ものによっても、死によってすらも、決してその愛の支配から引き離されることはなく（ローマ 8:38−39）、主は私たちを神のものとし続けてくださる。それは、既に私に神の国が到来したということでもある。だからこそ私たちは教会で確かに神の国を味わっている。礼拝で皆が神を誉め讃えるという終末の姿を見、聖餐という神の国の食卓に与っている。私たちは神の子、神の国の民とされるに到底価しない者であるから、そのためには、あの十字架がどうしても必要であったし、主は私たちをこの神の支配の内に取り戻すためにこそ、十字架で死んでくださった。

　神の支配は、それほどに私たちへの愛に満ちた支配である。もちろん、私たちが今味わう神の国の喜びは未だ不完全である。しかし、既に神の国を礼拝で味わい、確かに自分がしっかりと主に結ばれて神の国の民として取り戻されていることを知るからこそ、私たちは「父よ」と呼びつつ、主の再び来られる時、その神の国が全き仕方で到来する時を、忍耐しつつ、しかし期待しつつ待つのである。

　私たちは、この独り子であるお方が来られたことで一体何が起きているのか、そしてこの私に何が起きているのかを、世に向かって証ししたいと思う。即ち、本当に神はおられるのかとの問いに対し、既にキリストに結ばれたならば、確かにあなたはもう神の子として神の支配の中にあると、そして、御言葉に耳を傾ければ、そこには常に「私の愛する子よ」との呼びかけがあると確信し、そのことを伝えたいと思う。そして、このお方が「独り子」である故に、そのような確かなところはここ、つまりキリストに結ばれるところにしかないことを確信を持って宣べ伝えたい。

参考文献

　東京神学大学神学会編『新キリスト教組織神学事典』教文館、2018 年。芳賀力

による「イエス・キリスト」の項目

ヴォルフハルト・パネンベルク『組織神学入門』佐々木勝彦訳、日本キリスト
　教団出版局、1999 年

C. K. Barrett, *The Gospel according to St John*, SPCK, 1956 (2nd edition).

George R. Beasley-Murray, *John* (Word Biblical Commentary Vol. 36), Word Books,
　1987.

我らの主

宮嵜　薫

　使徒信条の冒頭「我は天地の造り主、全能の父なる神を信ず。我はその独り子、我らの主、イエス・キリストを信ず。……」において、「主」とされるのは、全能の父なる神ではなく、その独り子のイエス・キリストである。しかもその前に「我らの」という言葉がついている。ここに、初期キリスト教における、「我らには主がおられる、それはイエス・キリストのことである」という信仰の内容がはっきりと告白され、宣言されている。

　この「我らの主」について黙想するために、新約聖書から、コリントの信徒への手紙一の8章5–6節を挙げて考えてみたい。

私たちには「唯一の主」がおられる

「現に多くの神々や多くの主なるものがあるように、神々と呼ばれるものが天や地にあるとしても、

　　　私たちには、唯一の父なる神がおられ
　　　万物はこの神から出
　　　私たちもこの神へと向かっています。
　　　また、唯一の主、イエス・キリストがおられ
　　　万物はこの主によって存在し

私たちもこの主によって存在しています」

　この6節は、初代教会における定式の祈祷文か賛美歌であると考えられている。前半と後半とが対句をなしており、「唯一の父なる神」と「唯一の主、イエス・キリスト」という表現によって、主であるイエス・キリストが父なる神と同じ真の神としておられることが宣言されている。

　新約聖書の証人たちも、大小善悪の多くの主が世界にあることを知っており、それを認めていた。使徒パウロも、8章全体を通して、偶像に供えた肉を食べる問題を論じる際に、冷静にこの事実を直視している。「それにも拘らず、イエス・キリストを、唯一なる主（コリント前書八・六）と呼ぶ時、さう呼ぶことによって彼は、主を、唯単にそれらの多くの主の尖塔の尖端におき、従って彼らと並べたのではなく、寧ろ明白に彼を唯一なる父と並べたのである」（カール・バルト『われ信ず』86頁）。パウロは、異教の祭儀の背後にある宇宙的勢力は、本当の神々ではないことを示し、したがって偶像の神などいないと公言できる。コリントの教会の中にこの知識をもって、偶像に供えられた肉を食べることを意に介さない「強い人」がいる。それを知りつつ、しかしその行為が、信仰的にまだ「弱い人」、すなわち異教からの改宗者をつまずかせ、彼らがその弱さから偶像礼拝に引き戻されることがあってはならないとパウロは警告するのである。それほど、偶像の魅力は強く、異教世界の力は現実に猛威を振るっている。

　そこでパウロは真実なる現実を提示する。我らには唯一の主がおられるではないか、と礼拝すべき方を高く掲げる。それは何よりも、すべての人が真の神、主を礼拝するようになるためである。

　6節の告白文は断片的とも言われるが、この短い文において、創造主と万物との根源的な関係が宣言されている。万物は父なる神によって創造され、最終的に神のもとに帰る。父なる神は、全被造物の起源であり目指す到達点である。「すべてのものは、神から出て、神によって保たれ、神に向かっているのです」（ローマ 11:36）。たとえ、神々や主と呼ばれるものがあっても、神以外のものに起源・端緒をもつものに永遠性はなく、したがって、それは

神ではない。パウロの言葉どおり、「この世に偶像の神などはなく、唯一の神以外にいかなる神もいない」（Ⅰコリント 8:4）。

　イエス・キリストが唯一の主であるとは、父なる神と並ぶ方であることを意味する。それゆえ、キリストはすべてのものを存在ならしめる。神の独り子なる唯一の主は、父と同じように、全被造物の起源であり、目指す到達点である、ということである。

　なおかつ、ここでは父とキリストの固有性が区別されている。6 節のギリシア語の文は、動詞が省略された前置詞句であるが、「この神から（エク）」、「この神へと（エイス）」という前半に対し、後半は、「主によって（ディア）」、「彼によって（ディア）」と書かれる。前置詞ディアは「〜を通して」という意味にもなりうる。『現代聖書注解　コリントの信徒への手紙 1』はこの文を、以下のように原文通りに訳し、対句的な構造を明らかにした。

　　「唯一の神、父
　　万物はこの神から、わたしたちはこの神へ
　　また、唯一の主、イエス・キリスト
　　万物はこの主を通して、わたしたちはこの主を通して」

　ヘイズは、最後の文章は「この主によってわたしたちが存在する」ではなく、むしろ「わたしたちは主を通して（神の所へいく）」であろうとし、この方が定式の 2 行目との並行を保つとした（同書 236–237 頁）。この解釈によると、父とキリストの固有性の区別が鮮明になろう。キリストは天と地をご支配なさる一切の権能を、父なる神から授かっておられる（マタイ 28:18）。主なるキリストは先在者であり、私たちを含む万物の創造の仲介者（コロサイ 1:15–17）であられるとともに、贖いのみわざを通して私たちを罪から救い出し、神のもとへと回帰させてくださる仲保者であられる（ヨハネ 14:6）。

私たちには「唯一の主」が必要だ
　なぜ私たちには仲介者・仲保者が必要なのだろうか。それは、人は神の似

姿として造られ、本来的に神との人格的な交わりに生きるものとせられたに
もかかわらず、罪のゆえにその関係を歪めてしまったからだ。

　その綻びを放置せずに、人を救うために、父は独り子を私たちのもとに遣
わしてくださった。罪ある人間に対し、罪なき御子が十字架の死をもって人
の罪を贖ってくださった。これは、真の人であり真の神である方を通してし
か、なし得ないみわざであった。これにより神とすべての人々との間は和ら
ぎ、父のもとに回帰する道が開かれた。

　このように私たちには父なる神との間の仲保者として、主が与えられてい
る。ここに、神と人間を仲介する主イエス・キリストのみ働きが示されてい
る。旧約においてモーセが神とイスラエルとの間に立って、契約の仲介者と
して和解を取り持ったが、キリストは唯一の「新しい契約の仲介者」（ヘブ
ライ 8:6; 9:15）であられモーセにはるかにまさる方である。

　主が、神と人との間に和解を成し遂げ、私たちに救いの道を開いてくださ
った。この交わりを通して、神の独り子イエスは「私たちの主」となってく
ださった。ハイデルベルク信仰問答の問 34「あなたは、何故、主を、われ
らの主、とよぶのですか」に対する答えは、「主が、われわれを、身も魂も
ともに、金や銀ではなく、貴き御血潮をもって、罪から、また悪魔の一切の
力から、ご自分のものとするために、救いあがなって下さったからでありま
す」（竹森満佐一訳）である。

　神である主イエス・キリストが、ご自身の身を犠牲にして、私たちの身も
魂もすべて、悪しき一切の力から解き放ち、ご自分につながるものとしてく
ださった。その結果、私たちは救われ贖われた者として存在している。この
方を信じ、彼の主権の前にひれふすとき、私たちは、「イエス・キリストは
私たちの主である」と公に言い表す。

　「口でイエスは主であると告白し、心で神がイエスを死者の中から復活さ
せられたと信じるなら、あなたは救われるからです」（ローマ 10:9）の「イ
エスは主である」とは、最初の教会の信仰告白文の原型であったと言われる。
イエスを主と告白するかどうかは、キリストの救いの契約の中に入るか否か
を決定する重要事項であった。現に他の多くの主が存在するなか、これを初

代教会は宣言し、信仰の要として重んじたのである。

　このように、私たちがキリスト・イエスを「主」とお呼びすることは、礼拝と深く結びついている。「我らの主」という言葉そのものが、この方を礼拝することと切り離すことはできない。

イエスは「主」であり「神」である

　私たちの主は唯一であると宣言したのは初代教会が最初ではない。旧約聖書の申命記6章4節の「シェマー（聞け）」は、イスラエルの信仰の重要な宣言である。

　「聞け、イスラエルよ。私たちの神、主は唯一の主である」。そのあとこう続く。「心を尽くし、魂を尽くし、力を尽くしてあなたの神、主を愛しなさい」。これも、唯一の主のみを神として礼拝せよという命令にほかならない。

　旧約の民イスラエルは、多くの偶像の神々が礼拝される現実のなかで、神との契約において、「私たちの神、主は唯一の主である」と宣言するに至った。

　旧約の「主」は唯一の「神」に対する言葉である。旧約において「主」は、ヘブライ語の聖四文字 YHWH を意味し神の名を示す。この YHWH という神の固有名は、おそらくヘブライ語の「ある」「いる」「存在する」を意味する動詞「ハーヤー」の語根から派生しているだろう（出エジプト記3:14）。

　YHWH の名は、これに母音をつけて「ヤハウェ」と発音されていたと推測される。イスラエルは神の御名を尊ぶあまり、これを口にすることを避け、この聖四文字のところを代わりの言葉に置き換えて、「私の主人」を意味する「アドナイ」と読み替えて発音するようになり、いつしかもともとの発音は忘れられた。

　旧約の七十人訳聖書（LXX）において、ギリシア語で「主」を意味する「キュリオス」が YHWH の訳語とされた。初代教会は、LXX が神を「キュリオス」と表記しているのを承知の上で、「唯一の主（＝キュリオス）、イエス・キリスト」と呼んだのである。

　このことは、ふつうに考えてみても、決して簡単なことではない。それを

可能にしたのは聖霊の力である。「聖霊によらなければ、誰も『イエスは主である』と言うことはできません」（Ⅰコリント 12:3）。「イエスは主である」とは、すなわち「イエスは神である」との告白である。旧約からの一神教の枠内で、今や「イエスは神、主である」と告白され、賛美されるに至る。それは人間の力にあらず、聖霊の助けと導きなしにはできないことである。

主の戦い

人間である私たちに「主」がおられるとはどういう意味を持つであろうか。

一人ひとりの生の主権者であり、恵みと憐れみをもって護り支え、また正しい道へと導いてくださる方に私たちは自分を委ねて生きることが許されているということである。そして、そのような人格的交わりをもって私を導かれる主によって、私は生かされていることを知り、そう信じることである。「イエスは主である」と信じて告白するとは、「イエスを私の主といたします」と宣言することでもある。私の主であるイエスに私は従い、弟子として生きるということである。

しかし、私たちには唯一の「主」がおられる、ということを、すべての人が良い知らせだと聞くとは限らない。自分の人生を主体的に生きようとするとき、多くの人は自分でない「主」に人生の主権を譲り渡すことは敗北であると感じる。自分は十分強いので、信仰に頼らずともやっていけると考える。為政者や権力のある人や人の上に立つ人であればなおさら、自分以外の「主」など不必要だと考えるだろう。「舌のゆえに我らは強い。唇は我らのもの。誰が我らの主人でありえようか」（詩編 12:5）。

信仰者は、こうした真の主を知らない人々からの嘲りや好奇の目につねにさらされる。無垢なノアが主なる神の命令に忍従して箱舟を造っていたときを想像せよ！

そして信仰者といえども、弱さを持つので内側からの危険にもたえずさらされる。平穏無事の日には、自分の人生の御守りか保険のように主を求める。しかし、人は潜在的に悪いことを考える性質を持っている（創世記 6:5; 8:21）ゆえ、恐怖心に襲われたり、この世の美や富に心を奪われたり、時流

に乗り遅れないことこそ大事だと考えたりするとき、主を忘れる。主を信じることが値打ちのないことのように思われ、真の主以外のものに心惹かれる。契約は蔑ろにされ、再び罪に引きずられる。

　しかし、神の独り子なるイエス・キリストが私たちの「主」であられるという事実は、私たちの邪心や狭い考えを超えて大きく、またほかの力を振るう諸霊よりはるかに力強く、宇宙的な規模を持っているのである。生ける主が、悪しき力に惑わされる私たちのために、私たちをそれらから救い出すための戦いを戦っていてくださる。「神が味方なら、誰が私たちに敵対できますか。……誰が、キリストの愛から私たちを引き離すことができましょう」（ローマ 8:31, 35）。

　主に結ばれる私たちは「死も命も、天使も支配者も、現在のものも将来のものも、力あるものも、高いものも深いものも、他のどんな被造物も、私たちの主キリスト・イエスにある神の愛から私たちを引き離すことはできない」（同 38–39 節）と言われている。この神の大いなる救いの達成のためにこそ、私たちの主は、自らを低くして十字架の死に至るまで父への従順を貫かれ、まるで私たちの僕のようになって、私たちに仕えてくださった。流された主の尊い血によって、清められた私たちは、再び、この主に向かって、この主と共に、歩み出すことが許される。私たちがどんな諸力に脅かされようとも、この主の愛と恵みのもとに帰ってくることができる。

　だから、私たちのただ一つの慰めは、「わたしが、身も魂も、生きている時も、死ぬ時も、わたしのものではなく、わたしの真実なる救い主イエス・キリストのものであること」である（ハイデルベルク信仰問答の問 1 の答え）と答えることができる。この揺るがない恵みを受けた者に、さらに「主は、その聖霊によってもまた、わたしに、永遠の生命を保証し、わたしが、心から喜んで、この後は、主のために生きることのできるように、して下さる」（同）のである。

　この恵みへと人々を招くために、礼拝を通して主自らが奉仕してくださる。私たちは主を礼拝することを通してこそ、ますます主にお仕えすることができる。

　すなわち、キリスト者は、キリストに向かって、キリストにならって日々を歩む。主の御言葉を糧としていただき、御言葉に生きる。主のみわざを尊びまつり、主の弟子としてふさわしい生活を送る。そして、復活され昇天された主が再び来られる時を待ち望んで、地上の生を生きる。「マラナ・タ」（アラム語で、「私たちの主よ、来てください」）と祈りつつ、まことの主の僕として主を仰いで生きる幸いを得る。

黙想のために

　「イエスは私の主である」と告白した者の群れである教会は、主の御委託を受けて、主の再臨の日まで、「私たちの主」を宣べ伝える務めをも恵みとして与えられている。万物の存在と関わる、あらゆる人々にとっての「唯一の主、イエス・キリスト」が崇められることを主はお望みである。すなわち、フィリピの信徒への手紙2章の賛歌に示されているとおり、「イエスの御名によって　天上のもの、地上のもの、地下のものすべてが　膝をかがめ　すべての舌が　『イエス・キリストは主である』と告白して　父なる神が崇められる」ことである。初代教会以来、そのための戦いが開始された。「我らの主」を掲げる地上の教会において、この旗印のもとに、「主」と個人、および共同体とが固く結びつくことが求められている。

　教会では、よく「私たちは」という主語を用いて語られる。説教者は「私の主」とは言わず、「私たちの主」と言う。教会員も「私たちの主、イエス・キリスト」の御名によって祈る。もちろん、「イエスは私の主である」と信じ、個人的にこの神と結ばれている確信がその前提である。

　しかし、礼拝共同体が「私たちは」と語るとき、どういう「私たち」が想定されているだろうか。いま教会の中にいる仲間だけ、とくに信仰篤い教会員だけが、「私たち」だと範囲を狭めてはいないだろうか。説教や祈りにおいて、「私たちの主」と言うとき、イスラエルの唯一の神との結びつきを思い起こさなければならない。また、とくに、まだ真の主を知らない人たちを締め出してはならない。パウロは、偶像に供えられた肉の問題を通して、「弱い人」をつまずかせないために、自分は今後一切肉を食べないとし

た。知識を重んじるよりも愛の実践を選んだ。すべての人が、主を愛し主を礼拝して、「我らの主、イエス・キリスト！」と共に言うことができるように、信仰的に弱い人々にも、強い人々にも、すべての人にこの言葉は開かれていることが必要である。

参考文献

『ハイデルベルク信仰問答』竹森満佐一訳、新教出版社、1961 年

カール・バルト『われ信ず』桑田秀延訳、角川書店、1950 年

R. B. ヘイズ『現代聖書注解　コリントの信徒への手紙 1』焼山満里子訳、
　　　日本キリスト教団出版局、2002 年

イエス

本城仰太

使徒信条の中の「イエス」

使徒信条の中に「イエス」という名が出てくる。使徒信条は父・子・聖霊なる神への信仰告白の言葉であるが、「イエス」という名は、第二項の子なる神の領域に属する。この第二項は、第一項と第三項と比べて文言としても長くなっているが、なぜ長いのか？　いろいろな答え方をすることができるだろうが、一つの答えとして挙げなければならないのは、この「イエス」という名の人物がいかなるお方なのか、そのことを丁寧に言わなければならないからである。

使徒信条成立史の詳細については、ここでは触れることはできない。教会の歴史において諸信条が作られ、徐々に成立していったのが使徒信条である。成立に至るまでに生じた数多くの信条を私たちは参照することができるが、その中の一つ、いわゆる「古ローマ信条」と呼ばれている4世紀に遡ることができる信条がある。この信条の中で、語順は「キリスト・イエス」となっているが、やはり「イエス」の名が出てくる。語順については、その後、ほとんどすべての信条で「イエス・キリスト」となっていくが、「イエス」という名が外れた信条は見当たらないと言ってよいだろう。信条の成立史において、原始的な信条は第二項が短かったが、異端対策などのために、次第に第二項が膨らんでいったというのがコンセンサスとなっている。しかし最

初期の短い信条や洗礼の質問（信条を質問形式にしたもの）において、「イエス」という文言が外れることはなかったのである。それほど「イエス」という名が大事にされてきた。

　当たり前すぎることだが、「イエス」という名は、信条にとって必要不可欠である。いや、教会の信仰においてもそうである。私たちの救い主は、名を持った神なのである。この「イエス」という名がなければ、教会が存在することはなかったのである。

クリスマスの「イエス」の名付け

　名前が付けられるのは、たいていの場合は子どもが生まれた直後か、子どもが生まれる直前である。子どもはいきなり生まれるわけではない。母の胎内でその命が育まれる。親をはじめとする家族は、その子の将来に思いを馳せながら、名前を考え、付けるのである。

　主イエスがお生まれになったクリスマスの出来事は、マタイによる福音書とルカによる福音書に記されている。マタイは父親となったヨセフの視点から、ルカは母親となったマリアの視点から描かれているが、いずれにも共通しているのが「イエス」という名のことである。

　マタイによる福音書では、ヨセフの夢に天使が現れ、このように言った。「このように考えていると、主の天使が夢に現れて言った。『ダビデの子ヨセフ、恐れずマリアを妻に迎えなさい。マリアに宿った子は聖霊の働きによるのである。マリアは男の子を産む。その子をイエスと名付けなさい。この子は自分の民を罪から救うからである』」（マタイ 1:20-21）。

　ルカによる福音書では、天使ガブリエルがマリアに現れ、このように言った。「マリア、恐れることはない。あなたは神から恵みをいただいた。あなたは身ごもって男の子を産む。その子をイエスと名付けなさい。その子は偉大な人になり、いと高き方の子と呼ばれる。神である主が、彼に父ダビデの王座をくださる。彼は永遠にヤコブの家を治め、その支配は終わることがない」（ルカ 1:30-33）。

　ヨセフにもマリアにも示されたように、幼子は「イエス」と名付けられた。

「イエス」という名前は、旧約聖書の「ヨシュア」という名前をギリシア語風に言ったものであるが、新約聖書においても主イエス以外に「イエス」という名前を複数見つけることができるくらい、ありふれた名前であった。「神は救いである」というのがその意味である。人間の名をとったところから始まっていることは、意味深いことである。

　人々が聞いたことがなく、まるで神を表すような特別な名前を付けよと天使から言われ、そのような名前が付けられていたならば、人々も感じるところがあったかもしれない。しかし神はそうなさらなかった。それほどまでに私たちの間に宿られた存在となってくださったのである。「キリストは　神の形でありながら　神と等しくあることに固執しようとは思わず　かえって自分を無にして　僕の形をとり　人間と同じ者になられました」（フィリピ2:6–7）。神の独り子であるキリストは、「イエス」という名前をとり、人間の中に宿られたのである。

「イエス」と呼べる

　相手をその名前で呼ぶことができるというのは、相手との距離が近いということである。母の胎内で育まれた幼子が生まれ、名前を付けられて、その名前で呼ぶことができるのは、親にとって嬉しいことである。また、今までは距離が遠い存在であった人を、その名前で呼ぶことができるのは、その人との距離が近くなったことを意味する。そう、名前を呼ぶことは相手との関係において、大事なことである。使徒パウロは、「主は近いのです」（フィリピ4:5）と語ることができた。神の独り子の名を知っていたからである。

　神はその独り子の名付けをしてくださった。その名は「イエス」である。私たちが具体的な名前をもって呼ぶことができる名である。世界中の人たちが「イエス」と呼んでいる。呼び捨てで呼んでもよいのか。「イエス」が私たちの主人であることを表して「主イエス」と呼んだり、「イエス」がメシア（キリスト）であることを表して「イエス・キリスト」と呼ぶ。いずれにしても、具体的な名をもって呼ぶことができるようになったのは、肉をまとい、名をとって、私たちのところに来てくださったからである。まことに有

り難いことである。名を呼べるところに、その近さが表れている。

　私たちは「イエス」を救い主として、このように呼ぶ。「実に、人は心で信じて義とされ、口で告白して救われるのです」（ローマ 10:10）。口においても心においても呼ぶことができる。使徒パウロは続けてこのように書く。「主の名を呼び求める者は皆、救われる」（同 10:13）。これは旧約聖書のヨエル書からの引用であるが、「イエス」という名において、本当にそれが実現したと言うのである。

人の罪を背負う「イエス」として

　十字架の場面において、二人のイエスが登場している。一人は主イエス、もう一人はバラバである。マタイによる福音書では特に、「どちらのイエスか」という点に焦点が当てられているように思われる。「ところで、祭りの度に、総督は民衆の希望する囚人を一人釈放することにしていた。時に、バラバ・イエスと言う名うての囚人がいた。ピラトは、人々が集まって来たときに言った。『どちらを釈放してほしいのか。バラバ・イエスか。それともメシアと言われるイエスか』」（マタイ 27:15-17）。究極の選択である。最も重い罪を犯したバラバ・イエスか、罪なき神の独り子のメシア（キリスト）と言われるイエスか。その二者択一の結果、十字架につけられたのは、神の独り子のイエスであった。別のイエスは赦され、釈放された。別のイエスの重い罪を、代わりに背負うことになったのである。

　ハイデルベルク信仰問答の第二部「人間の救いについて」の中で、使徒信条が説きあかされている。つまり、使徒信条をたどることによって、罪と悲惨に堕ちた人間がどのように救われるのかということを説いているのである。使徒信条の「イエス」についての説きあかしは、問 29 と 30 である。問 29 を示そう（吉田隆訳）。

　問 29　なぜ神の御子は「イエス」すなわち「救済者」と呼ばれるのですか。
　答　　　それは、この方がわたしたちを　わたしたちの罪から救ってくださるからであり、唯一の救いをほかの誰かに求めたり、ましてや

見出すことなどできないからです。

　「神は救い」という意味の「イエス」という名で呼ばれるのは、唯一、私たちを罪から救ってくれる存在だからである。「イエス」はありふれた名前であるが、この救いが本当に実現したのはこの「イエス」においてである。バラバの罪さえも、またルカによる福音書に出てくる十字架上の犯罪者の一人の罪さえも担ってくださる救い主なのである。

　クリスマスの時、「イエス」という名が天使からヨセフに対してもマリアに対しても示されたことは先に述べたが、より「罪からの救い」を強調して語られたのは、ヨセフに対してであった。「ダビデの子ヨセフ、恐れずマリアを妻に迎えなさい。マリアに宿った子は聖霊の働きによるのである。マリアは男の子を産む。その子をイエスと名付けなさい。この子は自分の民を罪から救うからである」（マタイ 1:20-21）。「イエス」と名付ける理由も教えてもらっている。この理由こそ、最も大事なことであり、ハイデルベルク信仰問答は、ただこの一点だけに集中して「イエス」を説いているのである。

人性と神性

　まことの神にしてまことの人なる「イエス・キリスト」という名において、「イエス」という名が人性を表し、「キリスト」という名が神性を表しているとする意見がある。その観点から考えるのも間違っていないだろうが、イエスは人性のみを表していて、神性とは無関係なのか？　決してそんなことはない。ウェストミンスター大教理問答においても使徒信条が説かれているが、問 41 と 42 において、「仲保者」というキーワードで両者をつないでいる。

　問 41　わたしたちの仲保者は、なぜイエスと名づけられたのか。
　答　　わたしたちの仲保者がイエスと名づけられたのは、ご自分の民をそのもろもろの罪から救うからであった。
　問 42　わたしたちの仲保者は、なぜキリストと名づけられたのか。
　答　　わたしたちの仲保者がキリストと名づけられたのは、聖霊を限りなく注がれて、低い状態においても高い状態においても、その教

　会の預言者・祭司・王の職務を果たすために聖別され、すべての
権威と力を完全に与えられたからである。

　仲保者であるからには、人間と神を結び合わせねばならない。「イエス」
という名が人間を、「キリスト」という名が神をそれぞれ代表していると言
えなくもないが、ウェストミンスター大教理問答はむしろ仲保者という職務
で結び合わせている。「イエス」はご自分の民を罪から救う仲保者であるが、
聖霊を注がれた預言者・祭司・王なる「キリスト」だからこそ、まことの仲
保者なのである。

　主イエスがこのような仲保者であるからこそ、私たちは祈りの最後に、
「イエスの名において」祈りを閉じることができる。私たちの不確かな祈り、
足りない祈り、的を外す祈り、届かない祈りをすべて「イエス」の名が真実
にしてくださる。私たちが祈りの最後に「アーメン」と言うことができるの
は、「イエス」の名があるからなのである。

「イエス」という唯一の名

　使徒信条は歴史性を持っている。ポンテオ・ピラトという名が入っている
のも、いろいろな理由が挙げられるが、一つはポンテオ・ピラトという実在
の人物がいた時に、主イエスがその人の下で裁かれたことを言おうとしてい
るのである。同じように、「イエス」という名の一人のユダヤ人がいた。そ
れも歴史性である。その一人の「イエス」という人がどういう救い主である
かを示しているのが使徒信条であり、その「イエス」を「我は信ず」と告白
しているのが使徒信条である。

　先にも挙げたように、ローマの信徒への手紙では、「口でイエスは主であ
ると告白し、心で神がイエスを死者の中から復活させられたと信じるなら、
あなたは救われるからです」（ローマ 10:9）と信仰告白するように求められ
ているし、コリントの信徒への手紙一では、「そこで、あなたがたに言って
おきます。神の霊によって語る人は、誰も『イエスは呪われよ』とは言わず、
また、聖霊によらなければ、誰も『イエスは主である』と言うことはできま
せん」（Ⅰコリント 12:3）と語られている。使徒信条はこの唯一の救い主であ

る「イエス」がいかなるお方なのかを、明らかにしている文言として整えられている。

　先ほどはハイデルベルク信仰問答の問 29 を引用したが、それに続く問 30 を引用する。唯一の救い主である「イエス」の他には、「私たちが救われるべき名は、天下にこの名のほか、人間には与えられていないのです」（使徒 4:12）ということを言い表した内容になっている。

　問 30　　それでは、自分の幸福や救いを　聖人や自分自身やほかのどこかに求めている人々は、唯一の救済者イエスを信じていると言えますか。

　答　　　いいえ。たとえ彼らがこの方を誇っていたとしても、その行いにおいて、彼らは唯一の救済者また救い主であられるイエスを否定しているのです。なぜなら、イエスが完全な救い主ではないとするか、そうでなければ、この救い主を真実な信仰をもって受け入れ、自分の救いに必要なことすべてを　この方のうちに持たねばならないか、どちらかだからです。

　ハイデルベルク信仰問答は 0 か 100 かであると言う。中途半端はあり得ない。ペトロもこの名によって立ち直り、この名に生きる者となった。「この名のほか……与えられていない」のである。私たちも同じである。この名しかないのである。

黙想のために

　上述のテキストを読みつつ、「イエス」という御名について黙想したい。すなわち、クリスマスのマタイによる福音書のテキスト、バラバ・イエスかキリスト・イエスかという二者択一のマタイによる福音書のテキスト、ローマの信徒への手紙やコリントの信徒への手紙一の「イエス」を救い主と告白するテキスト、などである。しかし一つのテキストに縛られる必要はない。「イエス」という名を私たちが呼ぶことができる、その恵みを味わいたい。

　また私たちが歌う賛美歌の多くに、「イエス」という名を大事にしている

ものがある。そのような賛美歌が生まれた背景を調べることも黙想の助けとなる。

　教会の仲間についても思い巡らしたい。友はどのように主イエスの名を呼んでいるだろうか。これまでに触れてきた聖書箇所以外で、使徒パウロはこのように語っている。「私たちは、四方から苦難を受けても行き詰まらず、途方に暮れても失望せず、迫害されても見捨てられず、倒されても滅びません。私たちは、死にゆくイエスをいつもこの身に負っています。イエスの命がこの身に現れるためです。私たち生きている者は、イエスのために絶えず死に渡されています。イエスの命が私たちの死ぬべき肉体に現れるためです」（Ⅱコリント 4:8-11）。パウロは「私たち」とコリント教会の人たちに呼びかける。私たちはイエスの名を帯びて生きることができる、と。

　私たちはいつでも主イエスの名を呼ぶことができる。聖書にも、主イエスの名を呼んだ証人たちの叫びが記されている。「ダビデの子イエスよ、私を憐れんでください」（ルカ 18:38）。「イエスよ、あなたが御国へ行かれるときには、私を思い出してください」（同 23:42）。「主イエスよ、私の霊をお受けください」（使徒 7:59）。

　目の見えなかった者も、十字架につけられるほどの罪を犯した犯罪人の一人も、教会の最初の殉教者であるステファノも、主イエスの名を呼んだ。そして救われた。私たちにはそれぞれが置かれている様々な場がある。しかし聖書の証言者たちは、私たちのすべての現実を覆い尽くしている。だからこそ、聖書の証言者たちと共に、そしてすべてのキリスト者と共に、説教者も教会員も主イエスの名を呼ぶことができる。「アーメン、主イエスよ、来りませ」（黙示録 22:20）。

参考文献

加藤常昭『加藤常昭説教全集 27　使徒信条』教文館、2006 年

『ハイデルベルク信仰問答』吉田隆訳、新教出版社、1997 年

『ウェストミンスター信仰基準』日本基督改革派教会大会出版委員会編、新教出版社、1994 年

キリスト

朝岡 勝

　主イエスを「キリスト」と告白することは、キリスト教信仰の核心である。使徒信条は「我らの主、イエス・キリストを信ず」と告白し、ニカイア・コンスタンティノポリス信条は「我らは唯一の主、イエス・キリストを信ず」と告白する。こうして代々の教会は、イエスを「主」とし、「キリスト」と呼ぶことで自らの信仰を鮮明にしてきたのである。

　「キリスト」とは旧約における「メシア」、「油注がれた者」を意味する。ペトロが「あなたは、メシアです」（マルコ 8:29）と告白した言葉に、私たちの信仰が集約されている。口語訳が「あなたこそキリストです」としたのは、この点をより鮮明に示している。

　主イエス自らが、メシアとしての明確な自己理解を持っていたことは明らかである。「主の霊が私に臨んだ。貧しい人に福音を告げ知らせるために主が私に油を注がれたからである」とのメシア預言を、主イエスは「この聖書の言葉は、今日、あなたがたが耳にしたとき、実現した」と説いた（ルカ 4:16-21。イザヤ書 61 章参照）。

　その一方で、当時の民衆が抱いていた多様なメシア理解とそれらに基づく主イエスへの期待に比して、主イエスは自らをメシアと宣言されることに慎重であったと、新約学者リチャード・ボウカムは言う。その中で「イエスがどのようにして自分の役割を聖書から見出したのかを理解するには、イエス

が死ぬわずか数日前、エルサレムを最後に訪れた時、ろばに乗ってエルサレムに入城した様子を考えてみれば見えてくるだろう」（『イエス入門』147頁）と指摘する。そこでは主イエスの姿そのものが、真のメシア、キリストの姿を示しているのである。そこで、主イエスのエルサレム入城の場面を記すマルコ福音書11章1–10節から、キリストなる主イエスのお姿を黙想したい。

1、エルサレム入城

　1節から10節は、主イエスのエルサレム入城を描き出す。8章31節以来、すでに3度にわたってエルサレムで待ち受けている受難が予告されていながら、一歩も後ろに退くことなく先頭に立って歩み続けて来た主イエスの後ろ姿は、あとにつき従って行く弟子たちにとっても緊張を抱くものであったと想像される。

　しかし、いざエルサレムに入ろうとする主イエスの姿は、これから起ころうとしている出来事がもたらす緊張感とは対極にあるような明るさとユーモアを感じさせる。その理由の一つは、主イエスを出迎えた民衆たちの賛美と歓喜の声であろう。「ホサナ。主の名によって来られる方に　祝福があるように。我らの父ダビデの来るべき国に　祝福があるように。いと高き所にホサナ」（9–10節）。

　「ホサナ」とは、「今、救ってください」という叫びであり、救いの神をほめたたえる賛美の言葉である。民が賛美しながら主イエスを出迎える光景の背後にあるのは、詩編118編の賛美である。「祝福あれ、主の名によって来る人に。私たちは主の家からあなたがたを祝福する。主こそ神、主が私たちを照らす。祭壇の角のところまで　枝を手に祭りの行列を組め。あなたは私の神。あなたに感謝します。わが神よ、あなたを崇めます」（26–28節）。こうして福音書は主イエスのエルサレム入城を、「凱旋入城する勝利した王」の姿として描き出す。

2、子ろばの背に乗る王

　この出来事の明るさとユーモアのもう一つの理由は、何と言っても主イエスの姿そのものにある。「二人が子ろばをイエスのところに連れて来て、そ

の上に自分の上着を掛けると、イエスはそれにお乗りになった」（7節）。

　子ろばの背に乗ってエルサレムに入城する主イエスの姿は、「凱旋入城する勝利した王」として人々が思い描く姿からまったくかけ離れている。しかしこの姿にこそ私たちは目を留め、黙想を深めたいのである。

　本来、子ろばは王の乗る動物ではない。まして王が子ろばに乗って凱旋入城するなどありえない。しかし、そのありえない逆説的な姿こそが、主イエスがまことのメシア、キリストであり、私たちのもとに来られたまことの王であることを示していると福音書は語るのである。

　この点をよりはっきりと示しているのは、マタイ福音書やヨハネ福音書である。そこでは子ろばの背に乗ってエルサレムに入る主イエスの姿が、旧約聖書ゼカリヤ書9章9節の預言の成就として受け取られている。「それは、預言者を通して言われたことが実現するためであった。『シオンの娘に告げよ。「見よ、あなたの王があなたのところに来る。へりくだって、ろばに乗り　荷を負うろばの子、子ろばに乗って」』」（マタイ21:4-5）。「イエスは子ろばを見つけて、お乗りになった。次のように書いてあるとおりである。『シオンの娘よ、恐れるな。見よ、あなたの王が来る。ろばの子に乗って』」（ヨハネ12:14-15）。

　子ろばに乗る王なるメシア、キリストの姿は、本来ありえないほどの逆説をあらわしているが、それは神の子イエスの受肉の出来事以来の一貫した姿であることを思い起こしたい。

　マタイ福音書2章が記す主イエスの降誕物語で、東方の博士たちがエルサレムを訪れた際、彼らはヘロデ王に「ユダヤ人の王としてお生まれになった方は、どこにおられますか。私たちは東方でその方の星を見たので、拝みに来たのです」（マタイ2:2）と言った。博士たちが新たな王の誕生場所を都エルサレムと考えたのは、きわめて常識的な判断と思われる。ところが実際には御子イエスの誕生はエルサレムでなく、「最も小さな」（ミカ書5:1）ベツレヘムであった。

　ルカ福音書2章が記す主イエスの降誕物語で、メシアの誕生を「あなたがたのために救い主がお生まれになった」（ルカ2:11）と真っ先に知らされたのは、「野宿をしながら、夜通し羊の群れの番をしていた」（同8節）羊飼

いたちであり、彼らに与えられたメシアのしるしは「産着にくるまって飼い葉桶に寝ている乳飲み子」（同12節）であった。「宿屋には彼らの泊まる所がなかったから」（同7節）である。こうして私たちは、この世に来られたまことの王、メシアの大いなるへりくだりの姿に、恵みの逆説を見ることになる。

3、貧しき者たちの王、キリスト

本来、凱旋した王の入城であるならば、兵士たちの一群が先導し、戦車隊の馬列が続き、さらに何頭立てかの立派な馬車に乗った王がやって来るという光景を思い浮かべる。

しかし、子ろばに乗って来られる主イエスの姿こそが、まことの王、メシア、キリストにふさわしいとするマルコ福音書の視点は徹底している。多くの民衆たちがローマ帝国の圧政から救い出してくれる政治的なメシアを待望する中で、マルコ福音書はまことの王、メシアの姿を徹底して「貧しさ」の中に描き出す。

2節、3節で、主イエスが二人の弟子を子ろばの手配に送り出す際の指示が語られる。「向こうの村へ行きなさい。村に入るとすぐ、まだ誰も乗ったことのない子ろばのつないであるのが見つかる。それをほどいて、連れて来なさい。もし、誰かが、『なぜ、そんなことをするのか』と言ったら、『主がお入り用なのです。すぐここにお返しになります』と言いなさい」。

ここで他の福音書の並行記事にはない「すぐここにお返しになります」という言葉が記される。子ろばの所有者に、「『すぐに返します』と伝えるように」という細かな指示を伝える話ながら、しかし大事にしたい言葉である。当時、ユダヤに駐留していたローマ軍の軍人たちは、いつでも民衆たちの中から家畜や農作物、金銭、時には人間をも徴用して、自分たちの必要に充てることができたという。権力者というのは、特にそれが必要だというわけでなくても、自分たちの圧倒的な権力を見せつけ、民衆たちに自らの隷属的立場を思い知らせるために、時にそのような理不尽な振る舞いで力を誇示する。

しかし、ここでマルコ福音書は、主イエスが子ろばを返すという律儀な約束まですると記す。こんなところにも、彼はただの横暴な王ではないという

メッセージが伝わってくる。そもそも買い取ってもたいした金額にもならない子ろばだが、それが貧しい農民たちにとってはどれほどかけがえのないものか、その価値をこの王は知っている。たかが1匹の子ろばだからとただで乗り捨てて良いものではない。貧しい者たちの心をこの王は分かっている。この方は貧しい者たちの王だ。そう福音書は語っているように思えてならない。

4、ホサナの歓声とともに

　子ろばに乗ってエルサレムに入られる王なるキリストを、群衆はホサナの歓喜の声をもって迎える。ところがこの出来事からほんの数日後には、彼らが手のひらを返したように、この同じ口で「イエスを十字架につけよ」と叫び続けることになるのを、読者たちは知っている。それでもなお、ここで彼らが主イエスにささげる賛美と歓喜の声をよく聞き届けておきたい。「ホサナ。主の名によって来られる方に　祝福があるように。我らの父ダビデの来るべき国に　祝福があるように。いと高き所にホサナ」（9–10節）。

　ここでマルコ11章10節、「我らの父ダビデの来るべき国」に目を留めたい。マルコ福音書にはマタイやルカのような主イエスの降誕物語はない。「神の子イエス・キリストの福音の初め」（1:1）として主イエスの公生涯を描き始め、そこで主イエスは宣教の第一声として「時は満ち、神の国は近づいた。悔い改めて、福音を信じなさい」（1:15）と宣言された。主イエスの来臨が神の国の到来であり、神の国の到来が神の福音であり、この神の国の到来の宣言が福音の宣教なのである。

　そしてマルコ福音書は11章の主イエスのエルサレム入城の光景を通して、「我らの父ダビデの来るべき国」（新改訳第3版では「いま来た、われらの父ダビデの国」）の到来に目を向けさせる。神の国の王であるメシア、キリストがその王としての支配と統治をあきらかにするのは、子ろばの背に乗る姿だというのである。

　そしてやがて、このキリストの王としての支配と統治が完全にあきらかになる時が訪れる。それは、「今、私たちはエルサレムへ上って行く。人の子は、祭司長たちや律法学者たちに引き渡される。彼らは死刑を宣告して、異

邦人に引き渡す。異邦人は人の子を嘲り、唾をかけ、鞭打ち、殺す。そして、人の子は三日後に復活する」（10:33-34。8:31; 9:31 参照）と主イエスみずからが告知なさったエルサレム入城の目的、すなわち十字架の死と三日後の復活、さらにはその後の昇天が成し遂げられる時なのである。

5、「二人の弟子」とは誰か

　最後に小さな一つの問いを考えておきたい。2 節で主イエスによって子ろばを手配するために使いに出された「二人の弟子」とはいったい誰のことかという問いである。福音書は主イエスの十二弟子派遣の教え（6:7）に忠実に、「二人の弟子」の振る舞いを記す（14:12 以下参照）。十二弟子の中で「二人」、ペアでしばしば登場する人物として思い起こされるのは、「ゼベダイの子ヤコブとヤコブの兄弟ヨハネ」（3:17）であろう。

　この二人、主イエスがエルサレム入城の直前に受難の予告をされたとき、「栄光をお受けになるとき、私どもの一人を先生の右に、一人を左に座らせてください」と願い出て、「あなたがたは、自分が何を願っているのか、分かっていない」と叱責されている（10:35 以下）。

　もし使いに出された二人が彼らであったとすれば、と想像してみよう。子ろばを見つけ出し、連れて来て、背中に上着を掛け、その背に主イエスを乗せる。この主イエス・キリストを都へと先導しながら、かつての自分たちの願いがいかに見当外れなことであったかを深く思い知り、恥じ入ったのではないか。

　特権や名声、待遇などをいっさい願いもせず、欲しもしない。子ろばの背に乗る主イエスは、まことに私たちの救い主、メシア、キリスト、まことの王のお姿を示している。このキリストを告白することの意味とチャレンジを受け取りたいのである。

　「あなたの救いを喜び歌おう。我らの神の名により旗を揚げよう。主があなたの望みをすべてかなえてくださるように。今、私は知った　主が油注がれた者を救ったこと　聖なる天から彼に答えることを。右の手による救いの力をもって。ある者は戦車を、ある者は馬を誇る。しかし私たちは我らの神、

主の名を誇る。彼らは膝を折り、倒れた。しかし私たちは起きて、まっすぐに立った」（詩編 20:6-9）。

黙想のために

かつて読んだ霊想書の一節に、「軽トラのイエスさま」という表現があった。王の入城の光景を今に置き換えてみれば、何台もの白バイやパトカーに先導されて、黒塗りのリムジンの車列を従えてやって来る王族や国家元首の姿を想像する。ところがそんな中、子ろばの背に乗る主イエスの姿は、さながら軽トラックの荷台に乗っている姿だというのである。あまりにも貧相、あまりにも不釣り合い、そしてあまりにも滑稽な姿ともいえる。

しかし受肉から受難に至るまで、主イエスに一貫して現されているのは「貧しさ」であり、「へりくだり」の姿であった。既にゼカリヤ書 9 章が、政治的、軍事的な権力を振るう王ではなく、柔和でへりくだった王としての姿を預言していた。「彼は正しき者であって、勝利を得る者。へりくだって、ろばに乗って来る　雌ろばの子、子ろばに乗って」（9 節）。今日のテキストが示す主イエスのお姿も、人々が期待した政治的なメシアの姿とはほど遠い。しかし子ろばの背に乗る主イエスに、私たちはまことの王なるキリスト、メシアの姿を見る。預言者ゼカリヤが語ったメシアが、この主イエスだと告白するのである。

マルコ 8 章 29 節における「あなたは、メシアです」とのペトロの信仰告白は、「メシアは、あなたです。キリストは、あなたです」との告白でもある。「キリスト論的な告白の言明においては、キリストが主語であり、イエスは述語である」（水垣・小高編『キリスト論論争史』31 頁）。

「キリストは、あなた」。これがキリスト教信仰におけるキリスト告白である。そしてこの信仰が教会を建て、説教において告知されるのである。旧約が指し示し続けた救い主、まことの王、油注がれたメシアは、あの貧しい飼い葉桶に生まれ、ナザレの人として生き、十字架に死に、よみがえられたイエスである。この信仰に生きた人々が「キリスト者」と呼ばれるようになり（使徒 11:26）、彼らはこの信仰の告白に生き、そしてそれゆえに殉じるとい

うこともあった。「(人々が待ち望んでいた) キリストは (この) イエスだ」と
信じ告白することは、そのまま、私たちのキリスト者としての生き方に対す
る、深く鋭い問いとして迫ってくる。

　ハイデルベルク信仰問答は第31問で「なぜこの方は『キリスト』すなわ
ち『油注がれた者』と呼ばれるのですか」(吉田隆訳) と問い、続く第32問
で「なぜあなたが『キリスト』者と呼ばれるのですか」と問う。「この方」
と「あなた」、「キリスト」と「キリスト者」の緊密な関係が重要である。

　イエスをキリストと告白することは、私たちがこのキリストのものとして
生きることに直結する。油注がれたメシア、キリストが果たされる預言者、
祭司、王の務めに、今日、私たちもまた召されているのである。「なぜなら、
わたしは信仰によってキリストの一部となり、その油注ぎにあずかっている
からです。それは、わたしもまた　この方の御名を告白し、生きた感謝の献
げ物として自らをこの方に献げ、この世においては自由な良心をもって罪や
悪魔と戦い、ついには全被造物を　この方と共に永遠に支配するためです」
(第32問への答え)。

　今日、私たち「キリスト者」の姿、教会の姿は、キリストのお姿をどのよ
うに証ししているだろうか。貧しさとへりくだりのお姿において示されたま
ことの救い主、子ろばの背に乗って来られた王なるキリストのお姿を、その
生き方をもって証しする者でありたい。

参考文献

リチャード・ボウカム『イエス入門』山口希生・横田法路訳、新教出版社、
　　2013年
水垣渉・小高毅編『キリスト論論争史』日本キリスト教団出版局、2003年

聖霊によりてやどり、処女マリヤより生れ

吉村和雄

　与えられている信条の言葉は「主は聖霊によりてやどり、処女マリヤより生れ」である。これは、使徒信条の中でもっとも受け入れにくい信条の言葉であると言える。すでに信仰を得た人であっても、かつてはこの信条を受け入れることに困難な思いを味わったという人は、少なくないのではないだろうか。名の知れた神学者の中でも、これは受け入れられないと告白している人もいる。それだけ、わたしたちに信じることを要求する信条であると言えるだろう。

　C. S. ルイスの書いたものの中に、『被告席に立つ神』という文章がある。そこでルイスは、以下のように語っている。現代人も神を信じることができる。しかしその時彼らは、自分が持っている聖書や信仰や神に対する疑問を誰かに問うて、自分の持っている疑問に対する答えを得ようとする。そして与えられた答えに納得すれば信じるのである。それはちょうど、神を被告席に立たせ、神を尋問して、納得できる答えを神が与えることができたら信じようというのと同じだ。しかし、そのようにして神を信じたとしても、それは信仰だろうか。本当はわたしたちが被告席に立ち、神からの問いに答えなければならないのではないか、と言うのである。

　鋭い指摘である。信仰はわたしたちが勝ち取るものではなく、与えられるものである。そしてそれは、わたしたちが神に問うことによるのではなく、

神が起こされた出来事と、そこに示される神からの問いかけに誠実に応答することによるのである。主イエスが聖霊によって処女マリアに宿ったという出来事は、まさにそのような出来事であった。

マリアにとって

初めに信じることを求められたのは、主イエスの母となったマリアである。当時のイスラエルの女性は、12歳を迎えると大人になり、ほどなく結婚するのが普通であった。そういうことから、主イエスを身ごもったとき、マリアは13歳か14歳であったと考えられる。現代で言えば、中学生の年代である。そのマリアに天使が現れて、聖霊による懐胎を告げるのである。

この出来事を伝えるのは、ルカによる福音書第1章26-38節である。天使が現れて、マリアにこう告げる。「おめでとう、恵まれた方。主があなたと共におられる」。いったいこの挨拶は何のことかと考え込むマリアに、天使は続けてこう告げる。「マリア、恐れることはない。あなたは神から恵みをいただいた。あなたは身ごもって男の子を産む。その子をイエスと名付けなさい」。

しかしながらこの突然の宣告はマリアを混乱させる。「どうして、そんなことがありえましょうか。私は男の人を知りませんのに」というマリアの返答は当然のことである。それにたいして、天使はそれが聖霊の働きであることを告げ、親類のエリサベトも老年なのに子を宿していることを語り、「神にできないことは何一つない」と断言する。そしてマリアはそれを受け入れ、「私は主の仕え女です。お言葉どおり、この身になりますように」と答える。

これは想像であるが、もしここでマリアが最後まで神の業を受け入れず拒否したならば、主イエスの誕生は実現しなかったであろう。そして神は、この娘がだめなら他の娘を、というようになさるとは思えない。ならば神は人間を罪から救い出すという救いの御計画の成否を、若いひとりの女性の信仰の決断にお委ねになったのである。「お言葉どおり、この身になりますように」と言って自分の身を差し出したマリアの信仰によって、わたしたちの救いという神の御計画は実現したのである。

ヨセフにとって

主イエスが、聖霊によって処女マリアに宿ったという出来事は、許婚の夫であったヨセフにとっても、信仰をもって受け入れるべき出来事であった。この間の事情はマタイによる福音書第 1 章 18–25 節が報告している。「一緒になる前に、聖霊によって身ごもっていることが分かった」とあるが、明らかに見える形でマリアの妊娠が示されたのである。それは当然、ヨセフの心に疑念を呼び起こす。もちろんマリアは自分の身に起こったことを誠実に彼に語ったであろうが、それはそう簡単に受け入れられることではなかっただろう。それがどれほど若いヨセフを苦しめたかは、察するに余りある。その結果「夫ヨセフは正しい人であったので、マリアのことを表沙汰にするのを望まず、ひそかに離縁しようと決心した」のである。

このヨセフの正しさがファリサイ派的な正しさであったならば、マリアのことを表沙汰にして、彼女とお腹の子供を死に至らしめることになったかも知れない。しかし彼の正しさは、自分だけが正しければよいとするような正しさではなかった。だから、理由を明らかにしないで離縁しようとしたのである。そうすれば、自分ひとりが非難を受け、マリアと子供の命は助けられると考えたのであろう。しかし結局は、女性がひとりで、父親のはっきりしない子供を育てるという境遇にマリアを追い込むことになるのである。若いヨセフにとっては、苦悩の末のぎりぎりの決断であっただろう。

しかしそこに神が介入される。主の天使が夢に現れて、マリアに宿った子は聖霊の働きによると告げるのである。夢を見たのは、ひそかに離縁しようと決心したものの、それに納得していなかったしるしであろう。しかしこの天使の言葉が、彼に最後の信仰の決断をさせる。ヨセフは目覚めて起きると、主の天使が命じたとおり、マリアを妻に迎えたのである。

マリアを妻に迎えたことは、生まれてくる子供を、自分の子供として育てることである。聖霊の働きによって身ごもった妻マリアと、幼い主イエスを守り育てること、これがヨセフに委ねられた務めであった。そして彼は、信仰をもってこの委託に答えた。彼のこの信仰の決断もまた、神の救いの御計

画にとっては必須のものであった。

信仰の系図

　マタイによる福音書の第1章は、イエス・キリストの系図で始まる。アブラハムからマリアの夫ヨセフに至るまでの主イエスの先祖の名前が記されている。それは、「アブラハムの子、ダビデの子、イエス・キリストの系図」である。このようにキリストの系図を挙げたこの福音書は、続いて18節以降に、実はイエス・キリストは、血のつながったヨセフの子ではなかったことを、明らかにする。ヨセフと主イエスの間は切れているのである。この、血のつながりとしては切れているヨセフと主イエスの間をつないだものが、ヨセフの信仰の決断であった。つまり、ヨセフと主イエスの間は、信仰でつながったのである。そのことは、この系図そのものの意味を新しくする。イエス・キリストが、アブラハムの子、ダビデの子としてこの系図に入れられたのは、ヨセフの信仰によるのである。それならば、この系図において大切なのは、血のつながりではなく、信仰である。そしてイエス・キリスト以後、この系図に加えられたのは、弟子たちを筆頭として、主イエスと血のつながりのあった者たちではなく、信仰によって主イエスとつながった者たちである。このようにしてこの系図は、今に至るまでの広がりを持つものになった。その終わりの部分に、わたしたちも信仰によって加えられているのである（ガラテヤ 3:7）。

まことの神であり、まことの人である

　主イエスが聖霊によって処女マリアに宿り、お生まれになったというこの告白は、主イエスがどなたであるかという、信仰上の大きな問題に関わる。教会が歴史の中で明らかにしてきたことは、主イエスはまことの神であり、まことの人である、ということであった。これは幾たびかの厳しい論争を経て明らかになったことである。主イエスは人であって神ではない、と主張する者と、逆に神であって人ではないとする者がいたのである。そのどちらかだとする方が納得しやすいからである。歴史の中で現れたアリウス派や、

グノーシス派と呼ばれる人たちの主張の中に、そのような考えを見ることができる、しかし教会は、そのどちらにも偏らずに、主イエスをまことの神であり、まことの人である方として告白し続けてきた。その告白をわたしたちも堅持しているのである。使徒信条のこの部分は、そのわたしたちの信仰を示している。そして、主イエスが聖霊によって処女に宿られたということは、主イエスがまことの神でいますことに関わり、マリアからお生まれになったということは、主がまことの人でいましたことに関わると言うことができるだろう。

福音書の中で

主イエスがどなたであるかということは、福音書の流れを作る主題のひとつである。マルコによる福音書第6章1節以下に、主イエスが故郷のナザレにお帰りになった時に、村人たちがその知恵と、その手でなされた奇跡に驚いて「この人は、大工ではないか。マリアの息子で、ヤコブ、ヨセ、ユダ、シモンの兄弟ではないか」と言ったと書いてある。このことから、主イエスがナザレの村人として暮らしておられた時には、一人の大工であり「マリアの息子」と呼ばれていたこと、そして特別な知恵も力も示されなかったことを知ることができる。人は普通、父親の名前を冠して呼ばれるものである。それを母親の名前を冠して「マリアの息子」と呼ぶことは、父親の子ではないという意味であって、非難と軽蔑の意味が込められている。そのような、ごく普通の人として、主はナザレで生活をしておられたのである。

その主イエスが、およそ30歳の時に（ルカ 3:23）ナザレを出て洗礼者ヨハネのもとで洗礼をお受けになった。その時に天が開いて「これは私の愛する子、私の心に適う者」という声がした。主イエスが神の子であられるという宣言が、初めて神によってなされたのである。

そのように神の子でいますことを宣言されて始められた主イエスのガリラヤ伝道であったが、主ご自身がご自分を神の子、メシアだと明言されたことはなかった。それで主イエスとは何者かという問いが、当然人々の中にも弟子たちの中にも起こって来る（マルコ 4:41; 6:14 以下）。主イエスが弟子たち

をフィリポ・カイサリア地方に連れて行き、彼らに「あなたがたは私を何者だと言うのか」と問われると、ペトロは「あなたはメシア」と答えた（マルコ 8:29）。マタイの並行記事では、これに「生ける神の子」（マタイ 16:16）という言葉が続き、ルカでは「神のメシア」（ルカ 9:20）と答えている。ご自身神でいますメシアという意味であろう。この時点で弟子たちに対して、主イエスが神と等しい方であることが、明らかになっているのである。その直後に、高い山の上で主イエスの姿が変わるという出来事が起こり、雲の中から「これは私の愛する子。これに聞け」と語る神の言葉が聞こえる（マルコ 9:7）。弟子たちの告白を神が確証してくださったのである。

　そして最後に、主が十字架の上で息を引き取られた時に、そばにいた百人隊長が「まことに、この人は神の子だった」と告白をする（マルコ 15:39）。神が宣言をなさり、弟子たちが告白をしたそのことが、異邦人の口によって告白されたのである。このように福音書においては、主イエスとは誰であるか、という問いが提起され、それが次第に明らかになっていく過程が辿られている。そのようにして福音書は、主イエスがまことの神でいますことを証言しているのである。

神と人の間に立つ仲保者

　主イエスはまことの神でいますと共に、まことの人でもあられた。それは、主が神とわたしたちの間の仲保者でいますことを示している。主がまことの神でいましたからこそ、わたしたちは主の業と言葉を通して神を知ることができる。神について根拠のない妄想をしたり、神の姿を勝手に作り出すことは許されない。神がどのようなお方であるか、その御心が何であるかは、主イエスを通して知ることができる。主が神について教えてくださった最大のことは、神が父でいますことであり、わたしたちが神を父と呼ぶことができることであろう。主が教えてくださらなかったら、わたしたちは神を「アッバ、父よ」と呼んで祈ることはできなかったのである。

　同時に主イエスは、まことの人でもあられる。このことについても聖書は様々に証しをしている。ローマの信徒への手紙第 8 章 3 節においては、神が主イエスを罪深い肉と同じ姿で世に遣わし、肉において罪を処罰されたと

語る。罪を処罰されたとはどういうことか。第一に罪の真実の姿を明らかに
されたことであろう。主イエスは捕らえられ、十字架にかけられるときに、
一切の抵抗をなさらなかった。「彼は虐げられ、苦しめられたが　口を開か
なかった」（イザヤ書53:7）のである。そのために、弟子たちは主イエスを
見捨てて逃げ去り、群衆たちは「十字架につけろ」と叫び、総督ピラトがそ
の声に押し切られて十字架刑の判決を下すことになった。さらに兵士たちは
主を侮辱し、人々も「他人は救ったのに、自分は救えない。イスラエルの王
だ」（マタイ27:42）と叫んで主を侮辱した。人間の心の奥底にある罪が、こ
のような形で引きずり出されてしまったのである。

　同時に主はこの十字架を、人間の罪を審かれる神の審きとしてお受けにな
った。そのようにして人々が罪を赦され、罪の支配から解放されて神の子と
して生きる道を拓いてくださった。罪に対する処罰は、このようにして完成
したのである。

　フィリピの信徒への手紙第2章6節以下においては、「キリストは　神の
形でありながら　神と等しくあることに固執しようとは思わず　かえって自
分を無にして　僕の形をとり　人間と同じ者になられました。人間の姿で現
れ　へりくだって、死に至るまで　それも十字架の死に至るまで　従順でし
た」と言われている。この主イエスの姿によって励まされて、わたしたちは
「同じ思いとなり、同じ愛を抱き、心を合わせ、思いを一つに」することが
できるし「何事も利己心や虚栄心からするのではなく、へりくだって、互い
に相手を自分よりも優れた者と考え」「めいめい、自分のことだけではなく、
他人のことにも注意を払」うことができるのである（フィリピ2:2-4）。主イ
エスがまことの人となられたからこそ、わたしたちも主イエスに倣って、ま
ことの人となる道を示されるのである。

救いの代表戦士として

　ヘブライ人への手紙第2章10節以下には、主イエスがわたしたち人間を
きょうだいと呼んでくださったこと、そのためにご自身も血と肉を持つ存在
となり、死の恐怖に捕らわれていた者たちを解放してくださったこと、天使
を助けず、アブラハムの子孫を助けてくださったこと、そして神の前で憐れ

み深い大祭司となって、民の罪を宥めてくださったことが語られる。そして
そのような方を、「救いの導き手」（10節）と呼んでいる。

　ウィリアム・レインによれば、ここで「導き手」と訳されているギリシア
語アルケーゴスは、もともと「代表戦士」の意味であった。代表戦士とは、
戦いが総力戦になって、双方の被害が大きくなることを避けるために、それ
ぞれが代表となる戦士を立てて戦わせ、その勝敗をもって戦いの勝敗とする
ものである。サムエル記上第17章に、イスラエルがペリシテ人と戦った時、
ペリシテ人の戦士ゴリアトに対してダビデが戦いを挑み、これを打ち倒した
出来事が記されている。この時のダビデとゴリアトが代表戦士すなわちアル
ケーゴスである。ヘブライ人への手紙は、主イエスがわたしたちのために救
いの代表戦士となってくださったという。そのために血と肉を備える者とな
ってくださり、わたしたちの代表として神の前に立ち、最後まで従順を貫き
通してくださった。神はそれを、わたしたち人間が神に対して示した従順と
受け止めてくださり、わたしたちを義なる者として受け入れてくださったの
である。主イエスがまことの人であられたことは、わたしたちの救いにとっ
て不可欠なことなのである。

黙想への道

　この豊かな内容を持つ信条をどのように思い巡らすか。テキストとしては
ルカによる福音書第1章26–38節を中心に、他のテキストも参照するとよ
いだろう。神の子が人となられたことは、わたしたちの救いにとって不可欠
のことであった。この途方もなく大きな出来事を、わたしたちのために起こ
された神の恵みを味わい、証しできればと思う。

参考文献

William L. Lane, *Hebrews 1-8* (Word Biblical Commentary Vol. 47), Word Books,
　　1991.
加藤常昭『加藤常昭説教全集27　使徒信条』教文館、2006年
C. S. ルイス『被告席に立つ神』本多峰子訳、新教出版社、1998年

ポンテオ・ピラトのもとに苦しみを受け

服部 修

黙 想

　一般的に、受験で世界史を選択したとか、ローマ史好きでもない限り、「ローマの五賢帝を答えよ」と問われても即座に答えられる人はそう多くはない。ところが、「イエス・キリストを十字架につけた当時のローマ総督の名を答えよ」と問われたら、もしかしたらローマの五賢帝以上に正答率を得る可能性のある名が「ポンテオ・ピラト」であろう。それこそ、全世界のクリスチャンにとって、どの皇帝よりも有名であり、かつ、悪名高き総督の名である。

　ただ、考え方によってはかわいそうな総督とも言えよう。もしイエス・キリストの裁判が、ピラトの先代の総督であれば、使徒信条の中で出てくる名は変わっただろうし、それは後任者であったとしても同様である。その意味では「ポンテオ・ピラトのもとに」とは、ピラトにとっては「不運」だったのかもしれない。それこそ、作品の賛否はあるが、ミュージカル映画の『ジーザス・クライスト・スーパースター』の中で、ピラトが自身の見た夢について、「世界中の人々が私の名を咎めながら呼ぶ」といった表現で歌うシーンもある。その点から言えば、確かに「不運」である。けれどもそれはキリスト教の教理の表現を用いれば「神の摂理」と呼ばれる。すなわち、「私の思いに先んじて、神の意思が存在し、それが実現される」ということである。

さらに言えば、「私の思い」と「現実」が異なるときに、それを「神さまの御心と私は言えるだろうか」との問題でもある。それは聖書の例を挙げて言えば、「なぜカインではなくアベルを？」とか「なぜエサウではなくヤコブを？」といった例にも見て取ることのできるものである。だから「なぜ私のときに？」とピラトがどんなに問いかけても、その答えは「神の御心であり、ただ神だけが知っている」としか答えられない。このように、イエス・キリストの裁判の場面で、そして使徒信条の中にピラトの名が記されている、という事実に、私たちはまず神の摂理と、神の摂理の前で言葉を持ちえない人間の小ささを思い知らされる。

　「なぜポンテオ・ピラトのときなのか」。ピラトとは異なる立場ではあるが、私たちもその問いを頭の中に抱えながら逡巡する。ただ神だけが知っているという言葉をかみしめながら、しかし総督の名があることで私たちが気付かされるのは、十字架の事実性である。そして十字架の事実をどのように受け止め、受け入れるかが重要になる。それは、「神の摂理の中の出来事としての十字架という事実」を「今の私に関わる出来事としての事実」として受け入れることができるかどうか、につながっているからである。

　イエス・キリストの十字架が事実であることを受け入れるだけならば、特に難しいことはない。「身代わりの死」という概念そのものは、宗教性においてはどのような宗教にもついて回るものだからである。日本においても「人身御供」といった慣習があったわけだから、「身代わりの死」の意味だけならば、広く受け入れられる教えにすることは可能である。また宗教に限らず、誰かの代わりに、というある種の代償といった限界状況は起こる。

　しかしそこに「なぜピラトのときなのか」という意味での「摂理」を考えるとき、遠い昔の「身代わりの死」が、いかなる意味で今を生きる「私のための身代わりの死」であると言えるのかが問われることになる。つまり、イエス・キリストの十字架の死が、いわゆる昔の英雄譚としての身代わりの死なのか、それとも「私のための」ものであるのか、が時間と場所とが遠く隔たっているゆえに問われることになる。ピラトの名が入ることで、十字架の歴史的事実性は増加する。しかし、歴史的事実性が増加するほどに、「今

を生きている私のための」という意識を減少させる可能性も増加するからである。キリストの十字架を、昔話にしてしまうのか、それとも「私のための」出来事にするのかを、歴史的存在としてのポンテオ・ピラトという総督の名が、私たちに問いかけるのである。そして、ポンテオ・ピラトの名において神の摂理を思い起こすとき、神さまがどのような仕方においても私を罪から救い出そうとしてくださる神なのだ、ということを思い起こす。それが2000年前の出来事であろうと、遠い国の出来事であろうと、それは「私のためのもの」と告白できるのが、神の摂理への信頼である。

　言うまでもなく私たちクリスチャンは神の摂理を信じる者として、イエス・キリストの十字架を昔の出来事とするのではなく、今を生きている私の出来事、もっと言えば、今日この日においてさえ、イエス・キリストの十字架と無関係に生きていない私であることを認め、信じている。だからこそ「ポンテオ・ピラトのもとに」との告白がなされたとしても、それを他人事にしないで受け止めるのである。かつて神の摂理の中でピラトが用いられたように、私も今、神の摂理の中に生きている、と告白する。しかしそれは運命論的に、神さまによってすべてのことが決まっているのだからどうあがいたって仕方がない、といったような諦めの境地なのではなく、神の摂理によって、神が現実に私に対して働いてくださっている、という恵みを信じて生きる希望が与えられるのである。この点に関して、『ハイデルベルク信仰問答』は摂理に関する問答の中でこのような言葉で展開する（吉田隆訳）。

　問27　神の摂理について、あなたは何を理解していますか。
　答　　全能かつ現実の、神の力です。
　　　　(中略)
　　　　すべてが偶然によることなく、
　　　　父親らしい御手によって
　　　　わたしたちにもたらされるのです。

　現実の神の力。その現実性の中に、ポンテオ・ピラトが存在し、その現実

性の中に「わたし」が存在している。「なんで、私が、○大に」と駅などに
掲示されている、とある予備校のキャッチフレーズを見ながら、人間の頑張
りに重きが置かれる社会の中で、その同じ言葉を、現実の神の力とその働
き、と告白できる恵みを思う。上述のように、ピラトにしてみれば、「なん
で、私が、神の子を裁くときの総督に？」だし、神の摂理がなければ、その
全ての出来事を一個人が負わなければならない重さの中で、「すべてが偶然
によることなく」と語れる希望を、摂理信仰はもたらすと確認できる。
　神の御子を裁判にかけ、十字架刑を容認したピラトは救われるのだろうか。
それこそ人間の頑張りに力点を置いた予備校のキャッチフレーズ的な言葉に
縛られている世の法則に従えば、ピラトは決して救われ得ないほどの過ちを
犯したと断罪する他ない。その罪はピラトがどう頑張ったって拭い去ること
はできないからである。そして罪のない神の御子を断罪したピラトと同じ罪
を私たちも負っている。それは例えば「救い主など私には必要がない」とい
った言葉によって神の御子を退けるように。
　けれども、摂理信仰に基づいて言えば、ピラトの罪さえも贖うためにイエ
ス・キリストは十字架にかかった、と言えるのである。ピラトが救われるか
どうか、救われたかどうかは、もちろん私たちが関知できない部分に属して
いる。しかし総督の名を摂理信仰の中で読むとき、この総督ピラトの名の登
場は、「なんで、私が、救われたのか？」という問いに対して、こんな私も
救われた、という喜びに導く告白でもあることに気づかされる。

　このピラトのもとでイエスさまは「苦しみを受け」られた。本来ならば神
が人間を裁く、という関係性であるはずなのに、神が人間に裁かれる、とい
う逆の関係性になった。しかし、この逆説性こそが、神の人間に対する救い
の強い意志を示すものとなる。
　そもそも人間の罪は、創世記3章に記されているように、「神のように」
なれると蛇がそそのかした言葉に従ってしまったことにある。被造者ゆえに
決して創造主である神になれない人間が、神のようになろうとしたために罪
を負ったとき、その罪から人間を救い出すために神がとられた手段が、「神

が人となる」という道筋であった。神になろうとした人間に対し、「私こそお前たち人間よりももっと強い神なのだ」と張り合われたのではなく、へりくだられた。このへりくだりにこそ、神の愛の強さと、救いへの意思が示されている。張り合うことは、さらに張り合うあり方を助長するだけである。

事実、世の法則の中で、武力による張り合い、財力による張り合い、学力による張り合い、さらには幸いであることを張り合い、あるいは不幸であることさえ張り合うなど、様々な仕方で張り合うあり方が存在する。しかしそれが幸福をもたらしているか、と言えば、むしろ不幸を量産し、嘆きと悲劇と自己嫌悪を必要以上に生み出している現実を私たちは知っている。誤解を恐れずに言えば、張り合うことが罪なのである。本来ならば与えられた賜物に感謝し、それを喜ぶべきなのに、張り合うことによって傲慢になり、あるいは自己卑下に陥り、暗さを深くすることしかできない世に私たちは生きている。だからこそ、神になろうとした人間に張り合うことなく、へりくだられた神の恵みを、私たちはただ感謝することしかできない。しかも「あなたたちとは張り合わない」という意思を、裁かれる側に身を置くことによって、はっきりと表明してくださった。

それは、神であるゆえに本来引き受けなくても良いはずだった苦しみを引き受けられた、ということでもある。だから、「苦しみを受け」との告白は、言葉を補って告白するならば、「本当は受けなくても良かったはずの苦しみを受け」であるし、そういうものとして私たちも告白しなければならない。そうでなければ、「苦しみを受け」の告白は、救いの業における小さな通過点にしかならない。しかし、使徒信条に告白されるイエス・キリストの出来事のひとつひとつは、どれ一つとっても小さな通過点ではなく、それなしには救いが成り立たないものなのである。

加えて言えば、神が人間を裁くときには、罪のない神が罪のある人間を裁く、であるけれども、この裁判の場面において言えば、罪のある人間が、罪のない神の御子を裁く、である。この罪のない御子が裁かれるという意味での「苦しみ」をも含む。実際、罪があるなら苦しみを受けるのは当然のことであって、わざわざ「苦しみを受け」と告白しなくても良いはずである。と

いうことは「苦しみを受け」との告白の中に、「イエス・キリストは罪がないからこそ、人間の罪を負うという苦しみを受け」と告白されていることを私たちは正確に読まなければならないであろう。

　本来ならば、罪のある者がその罪のゆえに苦しむべきである。その罪の深さにさいなまれ、立ち直れないほどに心が押し潰されるべきである。しかし私たち人間を愛し、救おうとされたお方は、罪にさいなまれる苦しみを、私たち罪人である人間に、ではなく、罪のない神の御子に負わせられた。だからこそ、罪のゆえに苦しまなければならなかったはずの者が、御子がその苦しみを受けてくださったゆえにその苦しみを免れた。「苦しみを受け」は、「私に代わって苦しみを受け」の意味であることを私たちは何度でも確認しなければならない。御子が「苦しみを受け」てくださったゆえに、私たちは罪に苦しむことから逃れている。ところがそれが恵みであるはずなのに、罪に苦しむことから逃れている恵みの現実が、私が罪人であることを忘れさせ、だから罪の贖いなど不必要だ、といった傲慢な言葉を生じさせてしまう。

　英国の文学者 C. S. ルイスが、『被告席に立つ神』と題した書物の一節にこのように記している。「私が出会った最大の壁は、聞き手の心に全く罪の意識がないことです」（88 頁）。なぜイエス・キリストは苦しみを受けられたのか。罪の意識があるところでは、その問いは有効だけれども、罪の意識のない所では、その問いは何の意味もなさない。それゆえにルイスは先の引用が含まれる同じ段落をこのような言葉で締めくくっている。「けれども私たちは、聞き手にまず不愉快な診断結果を信じさせなければ、癒しの知らせを喜んでもらうことも期待できません」（同）。だからこそ私たちは、私たちが罪人であり、その罪を私に代わって御子が負われたということを明らかにするために、使徒信条において「苦しみを受け」と告白し続けなければならないのである。それこそ、言葉を補って、「私に代わって苦しみを受け」と告白し続けなければならないのである。

黙想を基に語る者として、また生きる者として
　ここまでの黙想に基づいてどのように説教し、あるいは信仰者として生き

るのかを少しコメントしたい。この告白を説教し、また信仰生活に適応するにあたっては、黙想において展開した点から言えば二つのことが考えられる。一つ目は「神の摂理」を中心とする、であり、二つ目は「罪の贖い」を中心とする、である。

「神の摂理」を中心として語る場合に気をつけるべきことは、「摂理」を「運命」と誤解されないようにしなければならない、ということである。表現の仕方によっては「摂理」も「運命」も同じように聞こえてしまうことがある。しかし、「運命」は諦めが支配的であるのに対し、「摂理」は希望が支配しているという点で大きな違いがある。それは「救われるに値しないこのような私が救われたのだから」という絶対的な喜びが前提になっているからである。その喜びのない所では「摂理信仰」は運命論と同じく、「神さまに抵抗することは無駄」といった脱力感に支配されることになる。「摂理信仰」は本来的には生きる希望を与えるものであり、伝道の希望を与えるものである。そのことを「ポンテオ・ピラト」という一人の総督の罪に目を留める中で、一人の人間が救われる驚きを自らのこととして語ることができるなら、説教の聞き手は「私は救われている者なのだ」との喜びを確認できる。そしてこの喜びを伝えるために救われた者たち、救いの喜びを知った者たちは立ち上がる。そして「この私も救われて良いのか？」という問いを持つ者に対し、救われた私たちが「事実この私が救われているのだから」との確信に生きることを通し、「神の摂理はそのあなたが救われることを求めている」と宣言できるのである。

「罪の贖い」を中心にして語るならば、黙想においてルイスの言葉を紹介したように、罪の意識のない聞き手に「私は罪人だったのだ」ということを自覚させることが重要になる。それは罪の恐ろしさを延々と語ることによるのではなく、むしろ使徒信条が告白しているように、「御子が苦しみを受け」たことが何を意味しているのかを正確に語り伝えることにより実現する。ただ言葉だけで「あなたは罪人です」と訴えても、罪意識のない聞き手においては、その言葉は何の意味も持たず、素通りするだけの言葉になってしま

う。そうであるからこそ、「あなたは罪人だ」と指摘する前提として、御子が苦しみを受けられたこと、しかも苦しみを受けなくても良い者が苦しみを受けられたこと、さらには苦しみを受けるべき者が裁く側の席についている、ということを示しながら、聖書が「あなたはピラトの立場にいる」と告げていることを明確にしたい。そしてピラトを描き出すことを通して、「あなたが認めなかったとしても、あなたの罪のためにイエスさまは苦しみを受けられた」ということを明らかにすることができるであろう。

　それゆえに信仰者においては、黙想によって示された罪の自覚を深く受け止めるとき、「私のためのイエスさまの十字架」との事実が喜びとなることがはっきりする。「私のための」という言葉・感覚の欠如が罪であることを信仰者の生き方によって明示する。そこから「私のための」との言葉が希望と慰めの言葉として語り始められるように、説教者は「罪の贖い」の喜びを自身の存在をかけて語るし、信仰者は罪赦された私、との喜びに生きるものとなる。

　教会の説教において、罪について語られることが少なくなったと指摘される。確かに罪について聞くことは、嬉しいことではないし、それは光に満ちた言葉でもない。反対に、聞かなくて済むものなら聞きたくないものの一つである。しかし罪が神と人間の本来の関係を逆転させてしまったのならば、罪について恐れずに正しく語ることは、罪を赦すお方とその約束の確かさを指し示すものになる。信じるか信じないか、受け入れるか受け入れないか、ということの前に、人間には罪があり、その罪を取り除くために神はあなたに重荷を負わせたのではなく、御子に負わせた、という恵みを、教会は自身の存在をかけて語り、また信仰者はこの恵みに感謝して生きることが重要なのである。

参考文献

C. S. ルイス『被告席に立つ神』本多峰子訳、新教出版社、1998 年

十字架につけられ

広田叔弘

はじめに

十字架に対する理解は多様だ。この中で私が最も心を惹かれるのは次の言葉である。

「イエスに向かって立っていた百人隊長は、このように息を引き取られたのを見て、『まことに、この人は神の子だった』と言った」（マルコ 15:39）。

イエスの十字架の死を見取った百人隊長の言葉である。マルコによる福音書の 1 章 1 節には、「神の子イエス・キリストの福音の初め」と書いてある。イエスは神の子キリストであって、これが神からの福音であると言う。そして十字架を見上げた時、この福音は信仰告白になる。十字架上のイエスにおいて私たちは、キリストに出会い、見えざる神と出会う。十字架は神の究極的な自己啓示である。これを理解して、主が備えてくださった福音の世界へ入って行きたいと思うのだ。

罪・神への背き

アダムとエバは神の言葉に背いた。このとき二人は、いちじくの葉をつづり合わせ、腰を覆ったと言う。性的な羞恥心だけではない。他者に対してありのままの自分を見せることができない。同時に、相手のありのままの姿を受け入れることができなくなったのだ。そして二人にとって神は、姿を隠さ

なければならない恐ろしい方に変わってしまった。罪は人間の心を閉ざす。神に対して心を閉ざし、隣人に対して心を閉ざす。そして人は、閉ざされた自らの心を独りで抱えて生きなければならなくなる。

　これで終わるのではない。罪はなお悪化する病巣のように広がっていく。孤独な人間は他者を求める。しかし心を開くことができず、隣人はストレスになる。カインは弟のアベルを憎んだ。強い劣等感を覚えたのだろう。弟という隣人は自分を否定する敵に変わった。ついにカインはアベルを殺害する。さらに罪は拡大していく。人間は自分自身を高め、天まで届く塔を建て神のようになろうと考えた。多くの者たちが賛同した。しかし計画は頓挫する。人間は互いに言葉の通じない者となって方々へと散っていった。その有様はまるで地上をさまよう放浪者のようだ。創世記が語る堕罪の物語は、まさに現代の私たちの姿そのものであろう。

罪・怒りを受けるべき者

　「私たちも皆、以前はこういう者たちの中にいて、肉の欲のままに生き、肉とその思いとの欲することを行い、ほかの人々と同じように、生まれながらに神の怒りを受けるべき子でした」（エフェソ 2:3）。

　孤独な心は常に脅かしと怒りの中にいる。存在に肯定を与えてくれる神を知らない。だから不安だ。心を通わせる相手がいない。だから人生が形になっていかない。生きていること自体が苦痛になる。しかし人間はボンヤリと時を過ごすわけではない。いくつもの心の隙間を埋めるようにして快を求めるであろう。それが述べられている「肉の欲」なのではないだろうか。現代社会において「自己実現」や「幸福の追求」が肯定されている。当然なことだ。

　しかしこの中に、深い心の隙間を埋める強烈な肉の欲が働いている。優勝劣敗、適者生存を是とし、この世の営みをサバイバルレースに変える人間の歩みだ。学歴、ポスト、金。自分の存在に価値を与えるものを獲得し、他者よりも秀でた立場に就きたい。執拗な願いだ。この末に何が残るのだろう。血を吐くような努力の結果が、漠々たる空しさに終わってしまうことも起

こるのではないだろうか。私たちがあまりにも良く知っている悲惨な現実だ。そして神はこの営みをよしとしない。それは、大いなる怒りの許に置かれていると言うのだ。

救　い

「苦しい時の神頼み」などと言う。しかし聖書によれば、人間は神に救いを求めない。もっともなことだ。神を知らないから求めようがないのだ。そして救いは、常に神から始まる。出エジプトの時がそうである。

「主は言われた。『私は、エジプトにおける私の民の苦しみをつぶさに見、追い使う者の前で叫ぶ声を聞いて、その痛みを確かに知った』」（出エジプト記3:7）。

神が民の苦痛の叫びを聞き、動き出す。新約についても事情は同じだ。神が預言者をとおして救いの約束を与え、時いたって御子を世に遣わし、救いを成し遂げる。

しかし私たちは何から救われるべきなのだろう。聖書が示すところは罪からの救いである。既に指摘したとおり聖書が示す罪は、神に対する背きである。この結果人間は、神を見失い、隣人を受け入れることができず、孤独な自分自身を抱え込むことになる。霊的な意味での死と言えるだろう。ここから救われなければならないのだ。したがって神が人間のために救いを成し遂げると言うとき、人間の罪を清算することが必要になる。このために神の子キリストは、自ら十字架の死を選ぶのである。

十字架刑

周知のとおり十字架刑は古代ローマ帝国が用いた処刑方法の一つである。残虐な刑であるため、非ローマ人で身分の低い者や反逆罪などの重罪を犯した者に対して適用された。個々の死因を特定することはできないが、窒息して絶命する場合が多いと言う。手と足を固定されて十字架につけられると、横隔膜などの呼吸筋が自重によって下がり、十分には機能できなくなって呼吸困難を起こす。この際に下がる体を起こして酸素を取り込もうとするが、

体を動かせば釘を打たれた手足によって全身に激痛が走る。以上を繰り返す中で、窒息や心不全を起こして死に至るという。十字架刑は想像を絶する苦しみの処刑方法なのである。

十字架の意味・罪の裁き

イエスはゲツセマネの園で十字架の死を選び取った。イエスは神の御子であり無垢である。このお方が人間の罪を背負って裁かれていく。キリストが人間の罪を負って処刑されることにより、私たちは神の前に赦される。

ここで注意が必要になる。クランフィールドは次のように述べている。「十字架が正しく理解されるのは、正しい三位一体的な神論の枠組みの中においてのみであることを忘れてはならない」(C. E. B. クランフィールド『使徒信条講解』66 頁)。すなわち神は、イエスという無垢なる第三者を裁いたのではない。人間を裁くべき神が、御子の人性において罪を負い、自ら裁かれたのである。ここが十字架理解の要諦である。

人間は自分に対しては甘いものだ。しかし、神は人間に対して甘くはない。人間の罪は、神の前に血をもって償わなければならないほどに重い。そして神ご自身が、御子の血をもって私たちの罪を贖ったのだ。

十字架の意味・神の愛

十字架は人間の罪に対する神の裁きである。そして神ご自身が裁きを負った。これが救いである。そして私たちは、この十字架に神の愛を認めることができる。

「神は、その独り子をお与えになったほどに、世を愛された。御子を信じる者が一人も滅びないで、永遠の命を得るためである」(ヨハネ 3:16)。

「私たちすべてのために、その御子をさえ惜しまず死に渡された方は、御子と一緒にすべてのものを私たちに賜らないことがあるでしょうか」(ローマ 8:32)。

「私たちが神を愛したのではなく、神が私たちを愛し、私たちの罪のために、宥めの献げ物として御子をお遣わしになりました。ここに愛がありま

す」（Ⅰヨハネ 4:10）。

　新約聖書に証言されているとおりである。述べてきたように十字架は、私たちの罪に対する神の裁きである。そこにはひとつの妥協もない。そして裁きは御子の血によって成し遂げられた。それゆえ十字架の出来事は、信じる者たちにとっては神との和解を意味し、変わることのない救いを与えるものとなる。

黙想・心の叫び

　自らの生を肯定しなければ、人は生きていくことができない。しかしこの生を肯定できるだろうか。私たちの命が神から与えられたものなら、私の生を肯定できるのは神だけである。けれども、その神が見えない。キリスト者である自らを問えば、神は人生の中で見え隠れする。その姿は定めがたく、人間が決して捉えることのできないお方である。

　イエスがピラトによって群衆の前に引き出されたとき群衆は、「十字架につけろ」と叫び立てた。私は群衆の叫びを自分のものとすることができる。生きることの中に苦しみが宿っている。私が生きようとするとき、私は誰かの命を塞ぐ。塞がれた者は黙ってはいない。攻撃を仕掛けてくる。殺し合ってはいけないので、互いに思慮を巡らし駆け引きと融通を繰り返して、それぞれが生きられる道を見つけているのだ。そして誰にとっても明日のことは分からない。どのような不幸が襲っても文句を言うことはできない。命を保ちたいのなら、今日を生きるしかないのだ。

　かつて交通事故で幼い子を亡くした親がいた。いつものようにランドセルを背負って家を出た。次にその子と会ったのは遺体となった姿であった。母親は、「顔に傷はなかったから……」と言った。母は傷のない我が子の顔をせめてもの慰めとした。平穏に世を去る人がいる。「苦しい。苦しい。早く殺して！」と絶叫しながら死んでいく人がいる。私はそれぞれの現場に立ち会った。生きることの中に酷さと苦しさがある。時にそれは、焼けつくような神への怒りとなって私を襲う。

　「十字架につけろ、十字架につけろ」。ひと時の感情の昂ぶりなどではない。

紛れもなく私自身の心の叫びだ。赤黒く熱した心が叫ぶ。私だけではない。誰もが持っているものであろう。そしてこの叫びは共有することができない。閉ざされた心の中で、罵っているのか、救いを求めているのか、自分でも判然とすることなく、虚空に向かって大きな叫び声をあげているのだ。

黙想・神との出会い

イエスを十字架につけたのは人間である。しかしそれは、徹頭徹尾神の業である。

イエスは十字架について処刑された。筆舌に尽くしがたい残酷な苦しみを味わって死んでいった。そして聖書のメッセージは、ここに神がいると言うのだ。聖書が証しする神は、茨の冠をかぶせられ、全身を鞭で打たれ、手と足を木に釘付けされ、窒息でもだえ苦しんで死んでいく神なのだ。

私は十字架上のキリストを前にするとき、神に対する怒りが壊れていくのを覚える。神と生きることに対して収まりようのない怒りを燃え立たせている我が身に、尊い救いの手を伸ばしている神ご自身を見るからだ。浄化と言うのだろうか。自分を重くしているものが消えていく。私はここで神を信じることができる。十字架のキリストに向かって、裸の自分をあらわにして、礼拝をささげることができるのだ。

神は世を愛して最愛の御子を十字架に渡した。御子は御父と世を愛して御旨に従った。私たちがこの出来事を知るのは聖書の言葉によってである。聖書の言葉はそれだけでは力を現さない。しかし聖霊が働くとき、それは聞く者に救いを得させる神の言葉となる。御言葉を聞き十字架の前に立って御子を仰ぐとき、私たちは三位一体の神秘の中に包まれている。この身は罪から解かれ、ありのままの存在が肯定される。これが救いであろう。そして神の愛の中で新しく、世に立ち向かう生きる勇気を与えられるのだ。

黙想を基に、語り、生きる

1、説教への提案・前提

最近、外で食べる食事がおいしくない。まずいわけではない。味も値段も
そこそこだ。しかしおいしくない。出されたものを食べても感動しない。原
因は、手作り感のないことと余計な味がすることだ。妙なたとえだが、説教
も同様のことが言えるのではないかと思う。説教の準備に際しては、職人の
ような心を砕いた手作業が求められる。福音自体に力があるのだから、余計
なものは加えたくない。特に「十字架の死と復活」は福音の核心である。説
き明かすというよりも、受難から復活に至る一連の出来事を淡々と語りたい。

問われるのは、会衆にアピールするかである。説教は説教者と会衆の間で
出来事になる。毎週の礼拝で福音が宣べ伝えられ、これによって教会が立っ
ているのなら、十字架の死と復活を淡々と語って、それで良い。神と会衆に
対する説教者の務めは、果たされたと言えるのではないだろうか。

2、説教の提案・具体的な課題

淡々と語ることは、無感動、無配慮で語ることではない。主に仕え、福音
そのものを会衆に伝えることだ。そこで十字架を伝える際に考えたい諸点を
記す。

① 神の業としての救い

既に述べたことだが、十字架は徹頭徹尾神の業だ。ここを伝えることが要
点になると思う。会衆は福音を聞きながら自分の信仰を吟味し始める。そし
て自らに「ダメ出し」をすることが多い。あるいは福音を自分とはかけ離れ
たよそ事として聞いてしまう。思い切った言い方になるが、神は私たちの
信仰とは関わりなく、十字架の救いを成し遂げた。私たちに求められるのは、
信仰も不信仰もそのままに、主の十字架の前に立つことだ。「あなた」がい
かようであっても、神はあなたのために、御子の十字架によって救いを成し
遂げたことを徹底して伝えたい。

② 福音を生きるために

　教会の中で、「人を赦すことができない」という言葉を聞く。しかしその言葉には表面的な響きがある。本当に人を赦せないとき、人は赦せない自分を肯定する。問題はここにあるように思う。その人の深い現実の中で、福音が充分には生きていないのだ。何が福音を生かさないのだろう。一つはプライドの高さにあると思う。家柄、育ちの良さ、社会的な立場、熱心な信仰、そして試練の多ささえ自らを支える誇りとなる。自分に対して誇りを持つことが悪いわけではない。しかし、プライドをもって自らを支えようとするとき、そこに福音はない。あるのは、当然のように他者を見下す冷たい裁きだ。

　傲慢な物言いになるが、説教者の務めの一つは、主の前に会衆の魂を裸にすることにあるのではないだろうか。祭司長、律法学者、ファリサイ派の人々は、主の前に裸になることができず、福音を受け入れることはなかった。一方、己の罪と弱さを赤裸々にしたペトロをはじめとする弟子たちは、復活の日にキリストを受け入れたのである。

　求められるのは、まず説教者自身が十字架の前に裸になることである。罪と不信仰、己を庇い、自分自身を支えてやまない心を主にささげることが必要だ。説教者自身が装いを捨ててキリストのものになったとき、会衆に対して裸になることの幸いを告げることができる。ここから、魂の深みにおいて福音を生きる、新しい地平が広がっていくと思うのだ。

3、信徒への提案

　共に聞きたいのは次の言葉である。

　「十字架の言葉は、滅びゆく者には愚かなものですが、私たち救われる者には神の力です。それは、こう書いてあるからです。

　『私は知恵ある者の知恵を滅ぼし

　悟りある者の悟りを退ける。』

　知恵ある者はどこにいる。学者はどこにいる。この世の論客はどこにいる。神は世の知恵を愚かなものにされたではありませんか」（Ⅰコリント 1:18-20）。

知的な学びを否定する気持ちはない。同時に机の上の勉強で救いを得られるわけではない。神を信じるとは、畏れ敬うべきことだと思う。神学の本を読んで、礼拝説教のメモを取って、それで神が分かるのだろうか。私たちの知恵や知識で神を捉えようとするなら、それは傲慢不遜な行いであろう。人の知恵で尊い方を知ることはできない。

ではどうすればいいのか……。生きるのだ。福音を信じて生きていく。福音を心の中にしまい込むのではなく、私の人生全体に血のように通わせたい。具体的なことを言おう。福音を信じて生きていくとき、人生に変化がもたらされる。時間とお金と、言葉の使い方が変わっていく。私は、だれのために時間とお金を使うのか、あるいは何のために使うのか。そして私の中からどのような言葉が出てくるのか。福音を信じる時に変化が起こり、この変化が人生全体を救うのだ。

信仰は知性の豊かさで判断されるものではない。述べたように、一生の長さをかけて福音を生きることが求められている。

黙想はキリストに思いを集める慰めの時だ。十字架の前に立って、罪を赦され、愛されている自分自身を受け取りたい。ここから、自分の人生を生きていこう。ペトロは殉教の死を遂げ、ヨハネは長寿を全うしたと伝えられている。私は私として、あなたはあなたとして、一生をかけて神の子キリストの福音を生きていこう。

参考文献

阿部仲麻呂『使徒信条を詠む』教友社、2014 年

加藤常昭『信仰への道』教文館、2013 年

佐藤敏夫『キリスト教神学概論』新教出版社、1994 年

C. E. B. クランフィールド『使徒信条講解』関川泰寛訳、新教出版社、1995 年

隅谷三喜男『私のキリスト教入門──使徒信条による』日本キリスト教団出版局、2007 年

竹森満佐一『正しい信仰──使徒信条によって』（東神大パンフレット 9）、東京神学大学出版委員会、1981 年

死にて葬られ

高橋　誠

はじめに

「死にて葬られ」が、「十字架につけられ」のあとで改めて語られることを
はじめに思い起こしておくべきだろう。キリストの神的存在は十字架の前に
肉体を去ったと主張する仮現説に対して、まことの神の子が「本当に死な
れたということ」（ハイデルベルク信仰問答、問41）を言うものである。つま
り、神の子が人の死を「本当に死なれた」ことを思い起こしておくべきであ
る。使徒信条が語るのは、私たちの死と葬りにおいてキリストを見出す喜び
である。黙想のテキストは、前記の問答の聖書典拠であるヨハネによる福音
書19章38節から42節を選定することを提案する。中でもとくに「ユダヤ
人の埋葬の習慣に従い」（19:40）という一句に集中すると、人の本当の死を
死なれたキリストであるからこそ、私たちの死と葬りに主が伴われるという
恵みを描き出すことができると考える。

1、救いの恵みを "私" が信じるということ

使徒信条は、私たちがここで扱う「死にて葬られ」という部分で、私たち
にぐっと近づく。使徒信条をたどれば、「天地の造り主、全能の父なる神」
という、いわばすべてに支配を及ぼしておられる神について、広大な視野を
もって語り始められる。それが、マリアから聖霊によって生まれ給うひとり

の人に絞り込まれる。受肉において私たちに近づいたとも言いうるが、それでも、主語を「私」に入れ替えて語ることができない。「私」は聖霊によって身ごもったのではないし、「私」は贖いの死の十字架に付くことはできない。ところが、「死にて葬られ」という部分に来ると、主語を私たちに入れ替えることが可能になる（加藤常昭『使徒信条』314頁）。私が死んで葬られるように、主イエスもまた死んでくださり、葬られてくださった。使徒信条で告白する神が、死すべき人間をこそ目指しておられたということがわかる。

　使徒信条の全体をたどっても、神の恵みは、「我信ず」と言うように、この私を目指していた喜びを語る。全能の神、ひとりの人イエスとたどりつつ、その恵みが聖霊によって教会、私の罪の赦し、私の体の甦りと、いわば私に向けて絞り込まれる。その絞り込みは、すでに主イエス・キリストの死と葬りにおいて、はっきりと見え始める。加藤は使徒信条の説教の中で「主イエスの歩みを語っている（使徒信条の）この言葉を読んでいって、やっとここで主イエスと私どもは一つになると言ってもよいと思います。『死んで葬られることにおいて』ということであります」（前掲書315頁）と言う。

　ユングマンは、使徒信条の一人称単数での「我信ず」という告白が、「我等信ず」と言うニケア信条が典礼において広くあらわれてくる中で、改めて典礼に残されたのだと言う。「ビザンティン典礼とローマ典礼は、初期の洗礼式での『我信ず』（クレド）という単数の形を、そのまま残した。洗礼のときと同様、ひとりひとりが自分の信仰を表明しなければならない、というのである。たいていの他の東方諸典礼はミサ中の信条には、公会議の用いた『我等信ず』という複数の形を使う」（ユングマン『ミサ』221頁）。単数の由来は、洗礼時に、ひとり神の前に立つ「我」が神を信ずると答えることである。この「我」が深く神と結ばれる確かな喜びを礼拝にも求めたのは、礼拝を成り立たせる深い喜びをそこにこそ見ていたからだと言えるだろう。

　主が結びついてくださる「我」とは、洗礼で明らかになる、死んで葬られる我なのである。筆者の教派は浸礼である。洗礼を施しながら、水が苦手な受洗者が体をこわばらせるのを手で感じ取ることがある。水を恐れるその恐れの延長線上には死がある。受洗者は、幾分死の恐れを経験するとも言える。

この恐れに主は連帯してくださった。このことをこれから始まる受洗者の信仰の歩みにおいて、繰り返し知らなくてはならない。死の恐れを知るたびに、それに連帯してくださっている方を知るのである。

　パウロが「キリスト・イエスにあずかる洗礼を受けた私たちは皆、キリストの死にあずかる洗礼を受けたのです。私たちは、洗礼によってキリストと共に葬られ、その死にあずかる者となりました」（ローマ 6:3–4）と言うとおりに、キリストがたずね求められるのは、死すべき私なのである。それゆえに、キリストは《仮に》ではなく「本当に死なれた」（ハイデルベルク信仰問答、問 41）のである。「神の御子は、ご自身の人間の本性に従って死なれた」（ファン・リューラー『キリスト者は何を信じているか』180 頁）。救いのなさが極まる人間の本性が、神の恵みに触れるようになるためである。死すべき肉である本性を抱えた人間が救いを求めているのは、他ならずこの地点である。

2、本当の死は隠蔽されている

　御子の死によって人間の本性が、改めて明示されなくてはならないのは、死すべき人間の本性は隠蔽されているからである。

　ハイデルベルク信仰問答の問 40 は、キリストがなぜ死を味わわなくてはならなかったかについてこう答える。「なぜなら、神の義と真実のゆえに、神の御子の死による以外には、わたしたちの罪を償うことができなかったからです」。つまり、御子の死に表れる私たちの死の真相は、神の義と真実に対する罪のゆえの死であると言う。聖書典拠として、創世記 2 章 17 節の「ただ、善悪の知識の木からは、取って食べてはいけない。取って食べると必ず死ぬことになる」が付されている。これは、命の根源者である神がお与えになった死の規定である。それが示すのは、ご自身の義と真実から迷い出たときに「必ず死ぬ」ということである。しかし、この規定はいつも曖昧にされる。すかさず蛇は語る、「いや、決して死ぬことはない」（3:4）。人間の善悪の判断やその賢さで死は乗り越えられるという、神とは別の見解である。こうした死の真相を隠蔽する存在が世界にはあるのである。

　その様相は、例えば死が病院でだけ起こるようにされている現代社会にも姿を現している。人生の始まりと終わりは、ほとんど病院でだけ生じる事柄となっている。本当のところ、生きている人間は、不可知な始まりと終わりの括弧に括り入れられたようなものである。しかし、その括弧は社会からは隠され、本当は括弧を規定する外のもっと大きな文脈があることを忘れさせる。そのようにして、生と死の洞察が取り除かれた、昨日のような今日がただ連続する生という理解が受け取られるようになる。

　ずいぶん前であるが、電車に乗っているとき目の前の二人の少年が、死ぬとどうなるのかについて話し始めた。一人がもう一人に諭すように、テレビが砂嵐になるようなことだと話した。いかにも無機質な死の想像である。死がそのように考えられるとき、生もまた与えられた時間を消費するだけの無機質なものになるのではないだろうか。あるいは、そうした死と生の洞察は、他者の尊厳も忘れさせてしまうものとなるのではないか。

　「終活」という言葉をよく聞くようになった。先日も、テレビで終活の特集が放送されていた。高齢の親を抱える子供たちが、親の葬儀のことや死のことを話しておくべきと思うが、「縁起でもない」と言われそうで話せないと言うのである。それとは別の人たちの言葉であるが、40歳代、50歳代の人々が、若いうちから自分の死について考え始めることで、今を生きる意味も生まれると言っているのが紹介されていた。二つの話は、別の人々の話であるが、しかし、若い時期に親のこととして冷静に考えることができた死が、いざ自分がその世代になり、死を間近に見るようになったときに、親たちよりも粘り強くそれに向き合うことができる、という確証はどこにあるのか、とも思う。

　教会をたずねてほしいと願いつつ放送を見たが、死について自分でよく考えれば、きちんと受け入れられるようになるのだろうか。これまでの伝統的な宗教が、苦闘しつつ死に向き合ってきた以上の死への回答を、個人で獲得できるのであろうか。勇敢で輝かしい殉教を夢想し豪語したペトロ（マタイ26:33）が、その直後、まことに現実的な見栄えのない主の死の厳然たる姿を知ったときに、そこから身をそらしてしまうようなこと（同 26:69–75）が、

人間の実像とも言えるのではないか。やはり、人間に対して死の真相は、ぼやかされ隠蔽されている。

　そこで、人間は、蛇が推奨した賢さ（創世記 3:6）で、豊かに生きれば死を乗り越えることができると考える。しかし、神はそのようにして死を乗り越えようとすることを愚かだと言われる。ルカによる福音書 12 章の「『愚かな金持ち』のたとえ」によって主イエスが語る人間の姿である。彼は、倉を大きく建て替えて豊かさを蓄えるという手立てを考える。そうして自分の「魂」に語りかける。「魂よ、この先何年もの蓄えができたぞ。さあ安心して、食べて飲んで楽しめ」（19 節）。しかし神は彼を「愚かな者」（20 節）と呼ばれる。死を恐れ、それゆえにそこから祈りが生まれる魂を、人間が考え得る賢い手立てや豊富な物質をもって満足させようとすることを愚かだと神は言われるのである。

　私たちの時代の豊かさや賢さとして数えうるものはある。人生百年時代と言われるようになった。医療技術の進歩で寿命は確かに延びている。バイオテクノロジーの進歩が、さらに長い人生の時間を人に与えるようになるかもしれない。しかしながら、その長い人生を意味付けるものは一体何か。百年時代だからと、今までよりも労働できる年限を後ろにずらすような制度設計、社会設計を耳にするようになっている。しかし、労働は長く生きる意味になるのだろうか。ただただ長い時間を手にして、意味も希望も見いだせないままに存在するということもまたありうるのではないか。人間が創出する「安心」は魂を安らがせるには足りない。賢さの下に隠されている魂の死の呻きに真実に向き合うならば、真に安らぎとなり得るもっと大きなものへのまなざしが開かれるはずである。しかし、生と死に対して真実に賢くあることは、人間には困難なのである。

3、主の本当の死としての葬り

　それゆえに、主イエス・キリストはまことの賢さをもって、本当の死をご覧になった。

　ハイデルベルク信仰問答の問 41 は、「なぜこの方は『葬られ』たのです

か」と問い「それによって、この方が本当に死なれたということを証しするためです」と答える。御子だけが、本当の死をありのままに深く知られた。それは、御子が生の重大さをありのままに知っておられるからである。生が神から付与されたということの重さを知ることが、死の本当の悲惨さと恐ろしさについてのまなざしを準備する。尊厳溢れる存在が死ぬ悲惨である。ゲツセマネでの主の異様なほどの恐れがそれである。こう描かれる、「イエスはひどく苦しみ悩み始め、……『私は死ぬほど苦しい』」（マルコ 14:33-34）。「悩み」のアデーモネオーは「恐れる」とも訳し得る言葉である。こうした主イエスの恐れは、初期の教会にとって大切なものであった。ヘブライ人への手紙 5 章 7 節でも「キリストは、肉において生きておられたとき、激しい叫び声をあげ、涙を流しながら」（新共同訳）と語られる。迫害下、信徒が肉を帯びた人間として味わわされる死の現実（2:15）に、キリストの死の現実を重ねているのである。死すべき人間という、人間存在の最も深いところで、主に出会いうる幸いこそ、教会の最も深い喜びである。

　主イエスは、死の何を恐れられたのか。主イエスに目を注ぎつつ、そこで知る真の死の恐れとは何か。ファン・リューラーは言う、「イエスは、全実存を見て、それをまったくその根底に至るまで受け取りました。というのは、死もまた生に属しているからです。そのようにイエスは生を見ています。彼は、神の審判は被造物の存在を貫くと感じています。彼は、被造物的存在としての生を、そのあらゆる深みと恐ろしさにおいて体験します」（『キリスト者は何を信じているか』181 頁）。「被造物的存在としての生」というのは――主イエスは「造られずして生まれ」（ニケア信条）たのはもちろんであるが――まことの人として身を置かれた時に見えてくる被造物に備わる深さへの言及と考えてよいだろう。その深さとは、「私は、いる」という存在の根源者（出エジプト記 3:14）の、「いる」という恵みを分与されてそこに存在するという人間の「全存在」の極め得ない神秘である。「全存在」は神の祝福を包含しているし、それゆえにこの上なく大切なのである。

　この「全存在」のこの上ない大切さを知るからこそ、そこに属する死の「恐ろしさ」をこの上なく知る。このことを人間は、全存在の一部しか知り

得ないゆえに、おぼろげにしか見られない。生のこの上ない深みを知らないからこそ、死の恐ろしさも知らない。尊厳溢れる命を付与し給うた神を忘れる時、本来、生の対極にあるはずの死は、その距離を縮め生ににじみ出るようになる。大切な自分ということがわからないところで、生の大切さも見失い、死んでしまってもよいのではないかとも考える。そのように、死と生の区別を曖昧にして生の喜びも死の恐れも真実な意味ではわからなくなる人間のただ中で、主イエスは神の子として死なれる。「全存在」のうちにある両者をはっきりとご覧になるからこそ、死にある審判をその厳しさのままにご覧になる。ここに死の恐れは明らかにされている。同時に、真実の死の恐れは主がおられるところとなった。それゆえに、主イエスを持たない死の恐れはなくなった。どの恐れにも主が連帯してくださる。死の恐れが人を支配することはなくなったのである。

　既述のハイデルベルク信仰問答、問 41 の葬りに関して「本当に死なれた」の聖書典拠に挙げられるのは、ヨハネによる福音書 19 章 38 節から 42 節である。「埋葬」という言葉が出てくることが、この福音書の言葉の選定の意図かもしれない。他の 3 つの福音書も埋葬という言葉そのものはないが、やはり葬りについて語る。また、パウロが宣教の言葉の要点を手短に語る中でも、「葬られたこと」（Ⅰコリント 15:4）と言われる。当時、真正なキリスト論を仮現説から守ろうとした闘いを見ることができる。キリストが神の子であることを強調するあまり、十字架の前に神的存在はイエスを去ったとするときに、死には神の子が不在となる。肉としての人間が最も救いを希求する地点から、神の子を締め出してしまうことになるのである。このことと教会は闘った。つまり、使徒信条が「死にて葬られ」と告白するときに、キリストの恵みの深みを守っているのである。

4、死に慰めを得た者として生きる

　死すべき人間が死に向き合えないのは、どんなに自分の賢さや豊かさを注いでも、死の大きな穴は埋められないことをどこか深くで知って、恐れているからである。しかし、まさにその死の恐れに主が仲間入りしてくださり、

一人で死ぬことがなくなった。主共にいます慰めを得るようになると、もはや死の穴を埋めるために生きることはなくなる。神と他者のために生きるようになる。そのようにして作られる愛の関わりこそが、死を超えたところで人が味わうべき喜びなのである。死を担われた者同士が共に生きるとき、今、すでに終末の完成の前味を生きるようになるのである。

黙想の道筋

これまでの黙想の大筋を改めて示せば以下になる。以下の数字は、黙想の項目の数字と対応している。① 使徒信条の「我信ず」という一人称単数の確かさは、死すべき「我」がキリストと出会うということに由来する。使徒信条が葬りの象徴の洗礼で使用されたことはそれを示す。② しかし、「死すべき我」を隠蔽する力がこの世には存在し、まるで賢さや豊かさで乗り越えることができるかのようにそそのかす。③ 一方、キリストは人間には隠蔽されている本当の死を恐れる。死の恐れは被造物としての生の尊厳を知るときにこそ明らかになるものである。人が恐れの中でぼやかすこの真理を、キリストが明らかにし、その死に連帯してくださった。④ それゆえに、もはや死に抗って生きようとするのではなく、死の恐れに慰めを得た者として自分から解き放たれて、神と他者のために生きる真実な生へと招かれている。

参考文献

加藤常昭『加藤常昭説教全集1 使徒信条』ヨルダン社、1989年

加藤常昭『加藤常昭信仰講話6 使徒信条・十戒・主の祈り（上)』教文館、2000年

A. ファン・リューラー『キリスト者は何を信じているか——昨日・今日・明日の使徒信条』近藤勝彦・相賀昇訳、教文館、2000年

J. A. ユングマン『ミサ』福地幹男訳、オリエンス宗教研究所、1992年

『ハイデルベルク信仰問答』吉田隆訳、新教出版社、1997年

陰府にくだり

高橋　誠

はじめに

「陰府にくだり」という言葉について、この言葉を深く愛するという人々がどれほどいるだろうか。心に留めないままに読み過ごす場合もあるだろう。あるいは、ある人は子どもの頃から使徒信条を唱えるたびに、このキリストが陰府にくだられると語る言葉に違和感を覚え続けていたと語った。そうした事情の中で、まずはじめに、バルトが、この信条は「神、との関係を、安んじて神の憐れみにゆだねるよう訓練」（『カール・バルト著作集8』300頁）するものだと言うことを思い起こしておきたい。

　ファン・リューラーは、この言葉が教会の信仰の中でどのように受けとめられてきたかを振り返りつつ、その一つについてこう言う、「キリストにおける救いは……絶対的で普遍的であり、それは全人類の歴史に及ぶ。そしてキリストは死の牢獄の中での彼の宣教を通して、イスラエル以外の、またキリスト教以外の人類にまで手を届かせた、というのです」（ファン・リューラー『キリスト者は何を信じているか』193頁）。もちろん、こうした理解は、いわゆる万人救済に道を開き、それが選びの教理と矛盾するために議論の対象となってきた。しかしまた、普遍性を直線的に万人救済まで敷衍することは行き過ぎとしても、この信条が救いを担う神の側の責任として救いが及ばないところを一点も残さないという、神の救いの普遍性について、バルトの言

葉で言うならば、ゆだねるべき神の憐れみの限りなさについて何かを語っているとは言いうるだろう。

　こうした事柄が、私たちにどのような慰めとなるのかについて、筆者の一つのエピソードを紹介したい。牧師になりたての 20 代の頃、遣わされたある教会の青年会のメンバーから「自分の父親は信仰を得ないまま死んでしまったが、父はどうなるのか」とたずねられ、「どうなるかについては神の専権事項なので答え得ないが、しかし神の憐れみに限りがないと信じることは許される」と答えた。ずいぶん後になって、私が 40 代になったある時、私はすでに別の教会に転任していたが、かつての青年会のその人が福音放送で信仰を証しするのを聞くことがあった。自分の父親について私から聴いた言葉に深く慰められた、と話していた。その人が信仰の足取りを振り返る時、忘れ得ない慰めの言葉となったのである。信仰を形づくる慰めの言葉は、影を残さない慰めだからこそ、慰めなのである。

　使徒信条において、主イエス・キリストが陰府にくだられたことを福音として語るからこそ、教会はこの慰めを限りないものとして受けとめてきた。使徒信条は、主の十字架、死、葬りを告白した上で、さらに陰府にくだることを告白する。このくどいほどのキリストの死に関しての重複は、恩寵の徹底である。

　こうした関連でこの信仰箇条を黙想するための聖書のテキストは、ペトロの手紙一、3 章 13–22 節が考えられる。迫害者に対して「優しく、敬意をもって、正しい良心で、弁明」（16 節）することが勧められる。それを支えるのは、ペトロが親しく知り得たキリストの愛であり、その愛が迫害者にも限りなく注がれ、限りないからこそ「捕らわれの霊たちのところへ行って宣教」（19 節）される、という文脈にある。また、旧約のテキストは詩編 139 編とすることを提案する。

世界観を信じるのではなく神を信じる

　「古代社会の人たちは……陰府は死者の住む所と考えていました。使徒信条にもその影響があることは否定できませんが、もし私たちが、そのような

意味で『陰府にくだり』と告白するとすれば、それは一つの世界観を信奉することになってしまうでしょう。信仰は世界観ではありません。……陰府とは……神との交わりが絶たれたところです」。東京女子大学の学長だった隅谷三喜男が、使徒信条を解説しつつ信仰の手ほどきをする『私のキリスト教入門』で、「陰府にくだり」について説く言葉である（77–78 頁）。このほかにあまり多くは書かない。信仰の入り口で、陰府とは神を失うこと、そして信仰とは神を知ること、と信仰の大きな手がかりを示そうとしている。しばしば宗教は世界観であると考えられる。いわゆる天国とか地獄という来世を気にして生きることが宗教だと考えられるのである。多くの人々は、それを非科学的だと真に受けないようでいながら、案外気にしているのではないだろうか。そうした背景で使徒信条の「陰府」に出会うと、聖書が語り教会が信じてきている事柄から逸れてしまう。

　改めて考えると、天国とか地獄とか、自分の来世について考えることは、思うほどその人生に意味を持たないのではないだろうか。仏教の強い地盤の地域で育ったある信徒が、子どもの頃、親に寺に連れて行かれ地獄絵を見せられるのがとても嫌だったと振り返っていた。その寺での経験は逃げ出したい心しか作らなかったわけである。教会の歴史において語られてきた地獄の説教も、それが及ぼした影響は部分的である。その理由は、聖書が地獄の教理をそこから読み取れるほど、一貫して語ってはいないからであろう。そうすると、聖書と響き合い教会の信仰を語る使徒信条での「陰府にくだり」という言葉のアクセントは、「陰府」にではなく「くだり」にあるとも言いうる。信仰とは、やはりある世界観を信奉することではなくて、神とその御子キリストを信ずること、さらに救いのために十字架、死、葬り、陰府と歩みを進めてくださった主イエス・キリストにあらわされた徹底した恵みを信じることである。キリストの死を巡るくどいほどの言葉の重なりは、この恵みの表現である。

　聖書が、一般で考えられるような地獄としての陰府を語っていないことは、詩編 139 編からも読める。「陰府に身を横たえようとも　あなたはそこにおられます」（8 節）と語られる。この詩編は、神の先在と遍在について歌う。

神のおられない時もなければ場所もない、という不思議を驚きつつ、その恵みを歌っている。それが、11節、12節で語られる。神が光であられるならば、人間の闇がそれを変えることはできないと語られる。陰府におられる神は、そこでもなお光であると語るのである。しかも、後半でこの詩編の味わいは深まる。「悪しき者を殺してください」(19節) と願う。義に基づく殺意である。もちろん、それは詩人のわがままな憎しみに基づくものではない。しかしながら、詩人はすぐに誰かの死を願う自分自身の心にある、義の物差しを疑い「神よ、私を調べ、私の心を知ってください。……御覧ください私の内に偶像崇拝の道があるかどうかを」(23-24節) と祈る。誰かの死をもって自分の向かい合っている問題の解決としようとしている愚かさに気づいたとも言える。もちろん、詩人は悪を敵としてそう言うのだが、神の「とこしえの道」(24節) に立つときに、自分の願いに混ざり込む異物を感じるのである。彼が気づく異物感は「偶像崇拝の道」(24節) である。自分の中にうごめく神から来るのではない力、陰府の力、すなわち死者の国の死の支配力に気づく。

そのような自分が身を横たえる陰府にも、神はおられるのである (8節)。しかも、詩人をその怒りのゆえに滅ぼす死の支配者としてではなく、神の絶えざるいつくしみのゆえに救いの支配をなさる主としておられるのである。この詩編の力は、創造の神が徹底的に人間の存在を肯定される方であり、その光が人間の存在否定の極みとしての陰府にまで届いているということを想起させる強さである。仮に詩人を動かしているものが正義感であろうとも、幾ばくかの存在否定も神の御心にたがうことだと、神の属性に関わる何か究極的な事柄を語り始めている。それが私たちの心を魅了すると言えるのではないか。この詩が歌う信仰が神の民の中に響き続け、キリストが陰府にくだられた恵みを歌う使徒信条と共鳴していると言えるのではないか。

陰府にくだられた主のあわれみをたたえる

ペトロの手紙一、3章13-22節を参照することを提案した。それは、先述した詩編139編と共鳴するような、聖書の教理を語っているからである。

教理的な主題の聖書典拠としては、18 節後半から 20 節前半が語ることが取り上げられる場合が多いが、前述のやや長めの区分で読むことによって、この教理に生きる教会の物語まで読み取ることができるようになると考える。語られているのは、キリストの下降と高挙である。当時の教会のキリスト賛歌がその背景にあり、同様のテーマは新約聖書で繰り返される（ローマ 10:6–7; エフェソ 4:8–10; フィリピ 2:6–11 など）。中でも、ペトロの手紙一の当該箇所は、キリストの下降だけではなく、そこで何をなさったかが語られている点において、最も踏み込んでいると言える。「捕らわれの霊たちのところへ行って宣教されました」（19 節）が、実際に何を意味しているかは、釈義上の議論がある。要点は、陰府でのキリストの宣教の対象を広く解釈した場合には、万人救済に傾くことである。ペトロ自身も、一気にすべてのキリストの啓示に接する機会のなかった万人を語らず、「ノアの時代に……従わなかった者たち」（20 節）と言う。釈義上、困難な箇所ではあるが、ペトロが何を語りたかったかは、この区分の文脈を辿れば見えてくる。

　この手紙は、当時の迫害下にある教会に宛てられたものである。「優しく、敬意をもって、正しい良心で、弁明しなさい」（16 節）と言われるのは、教会の人々が反対者たちに問われたとき、その人々を裁く態度を取る可能性があったからである。うっかりすると神の裁きを自分たちの方に引き寄せて、そこから悪しき迫害者たちに対して厳しい思いを持ち、敬意を欠く危険がある。

　それは、人間が他者の善と悪についてあらかじめ判断し、陰府の人々と神の支配の中にある人々という区分を想定することにもつながる。そうすると、その人々にはキリストはおられないわけで、主のおられない陰府が教会のすぐそばにできてしまうことになる。救いの喜びとは、その絶対性と普遍性を信じるところでこそ真実なものとして保たれるが、人間が陰府を想定することでそうした明るい色彩を弱めてしまうのである。

　そうなるかもしれない教会の人々に対して「キリストも、正しい方でありながら、正しくない者たちのために、罪のゆえにただ一度苦しまれました。あなたがたを神のもとへ導くためです」（18 節）と言われる。キリストの憐

れみを思い起こさせるためである。それは何よりも、ペトロ自身が知っている主イエス・キリストである。敵を愛し、迫害する者のために祈れ、と教えられた主として知る方である。その上、主イエスを三度も裏切ったペトロを愛しつつ御自身の側から彼に近づかれた主である。「神のもとへ導く」は、主から遠く離れた他ならぬ彼自身が、訪ねられ導きかえされる体験として知るものである。そこから、あらかじめ陰府に行くように定められている人の存在というものを信じられなくなっている。

　この箇所が、使徒信条のキリストの陰府くだりの聖書典拠である正当性は、神の憐れみを見ている点にある。バルトは言う、「人間は、その認識と告白の全体を、この信条の対象、すなわち神、との関係を、安んじて神の憐れみにゆだねるよう訓練されねばならない」（『カール・バルト著作集8』300頁）。すなわち、《陰府について》というような主題が語られているのではなく、《くだられる》という主の行為に現れる神の憐れみが語られているのである。主のかげりなき憐れみをこの手紙は歌い、そして使徒信条も歌っている。陰府にくだられたキリストが示すこの尽きざる憐れみを歌う歌声において、この信条が聖書と共に響いていることを思い起こすべきであろう。

陰府と闘う教会

　キリストの陰府くだりに表される神の恩寵を、カール・バルトはこう言う、「神が神であることをやめることなくして、イエス・キリストにおいて試練にあいたもうたとすれば、そしてもしイエス・キリストにおいて陰府にくだり、そのために神と人とが一つであることを実際に問題にし給うたとすれば、それは、神がそのことをわれわれのためにもなし給い、それをわれわれから除き去り給うた、ということ以外のことではないはずである。われわれはもはや陰府にくだるべきではない。またわれわれは、なぜ神がわれわれを見捨て給うたかを自分に訊ねるために、陰府にくだろうと思ってはならない。もしこのような問いをする機会があると考えるなら、イエス・キリストがすでにそれを問うておられ、われわれに代わってそれに答えておられることを、考えてみなければならない。陰府への彼の道は、どうして勝利の道以外のも

のたり得ようか。この勝利の道によって、彼はわれわれに場所と大気を造り給うた」(『カール・バルト著作集8』309頁)。

　陰府には、もはや私たち人間の姿はない。神が私たちをお見捨てになることは終わっているのである。キリストが陰府にくだられることによって、人間の存在は肯定され、それゆえに存在の場所と吸うべき大気が与えられたのである。その場所と大気は、この世界でも見出すことができるし、神の救済には必ずこれが伴う。

　そうすると、陰府が何であるかということが改めてわかってくる。陰府とは存在の否定である。存在のための場所と大気を見失いつつある社会である。存在が肯定されない社会には、陰府が色合いを増して現れてくる。

　新型コロナウイルス感染症がドイツで広く広がった2020年当時、ドイツの致死率が近隣諸国と比べて低く、メルケル首相の政策が話題になっていた。それを耳にしつつ、『わたしの信仰──キリスト者として行動する』で語られていたことを思い出した。「マラキは、民衆が神から離反していくことに対する自分の失望を表します〔マラキ書3:1-5〕。彼は人々がどんなつきあい方をしているかを見ます。社会のなかの弱者に対してふるわれる暴力を見ます。社会的な等級の一番下にいる人々、すなわち日雇い労働者ややもめや孤児に対して不正なことがなされています。これではいけない、とマラキは言うのです。これは神の律法に反している。そしてこのことは、現代において行動するわたしたちに、あらゆる経済的な困難や心配があるにしても、まさにこういったことが起こらないように注意すべきなのだ、と思い出させてくれます。社会で一番弱い人たちに対して不正が行われるべきではありません。将来においても、わたしたちは彼らを念頭に置き続けるべきです」(67-68頁)。

　2005年に行われたマラキ書の聖書講演である。その後、南北問題で社会的な格差が世界を席巻する中で、ドイツはこの講演に語られている姿勢を貫き難民を受け入れ続けた。また、同書収録の2017年の講演では、ドイツ基本法(憲法)第一条の「人間の尊厳は不可侵である」を巡ってこう言う、「わたしたちがキリスト教的人間像の観点で理解する自由の概念において、共に

生きる人々の幸福はいわば基礎的なものです。そこからは当然、責任を自覚した政治にとっての使命も生まれてきます」(196 頁)。すべての人間に対しての責任を憐れみの神から問われていることを知る。こうした姿勢が、コロナ禍にあっても、迅速で柔軟な対応を生んだことを見ておくべきであろう。そうしたあり方が、死者の国としての陰府からできる限り離れる場所と大気を、この地上に呼び込むのではないか。逆に、自由の名の下に過当な経済競争とそれが生む社会的な格差を是認するところでは、陰府の影がすでにこの地上に現れてくるのではないか。

　神の憐れみに集中することは闘いである。テゼ共同体の指導者であったブラザー・ロジェが、2005 年に夕べの祈りの最中、精神障害のある女性に刃物で刺され死亡した時の葬儀で「ミゼリコルディアス」という歌が歌われた。日本語訳では「永遠にたたえて歌え、主のあわれみを」とだけ繰り返して歌う（『すべての人よ　主をたたえよ——テゼ共同体の歌』8 番、サンパウロ）。その女性の赦しを神に祈りつつ歌われたのである。主の憐れみは永遠と歌って教会のすぐそばに開けそうになった陰府に対して闘ったのである。教会は陰府にくだるほどの憐れみの方に従いつつ、陰府を退かせるように闘いつつ存在する。これは、世界に対する教会の使命である。

黙想の道筋

　ここまで述べてきた黙想の筋を改めて示せば、次の通りである。使徒信条が導くのは、陰府がある世界観を信じることではなく神を信じることである。その神は陰府にくだられたキリストにあらわれたとおり、憐れみの神としてたたえられるべきある。この神の憐れみの讃歌をもって、教会は世界に口を開く陰府と闘っている。

参考文献

A. ファン・リューラー『キリスト者は何を信じているか——昨日・今日・明日の使徒信条』近藤勝彦・相賀昇訳、教文館、2000 年

カール・バルト『カール・バルト著作集 8』安積鋭二・吉永正義訳、新教出版社、

1983 年

隅谷三喜男『私のキリスト教入門——使徒信条による』日本キリスト教団出版局、
　　2007 年

アンゲラ・メルケル『わたしの信仰——キリスト者として行動する』新教出版社、
　　2018 年

『すべての人よ　主をたたえよ——テゼ共同体の歌』サンパウロ、1999 年

三日目に死人のうちよりよみがへり

小泉 健

　わたしたちの主イエス・キリストとはどなたか。使徒信条はこの方を「神の独り子」であり、「我らの主」であると告白した後、このお方の地上のご生涯をたどることでこのお方を紹介する。その際、受肉、ご受難、十字架上での死、葬り、陰府降下と一気に下降してこのお方の謙卑を語り、そこから一転して復活、昇天、神の右への着座、将来の裁きと今度は一気に上昇して高挙を語る。

　それゆえ、復活は昇天、神の右への着座、裁き主であることと深く結びついているのであり、これらを全体として見ることも大切である。これらのことが全体として、このお方が神であり、主であられることを物語っている。

　また、これらのことは一体的であるだけでなく、それぞれ歴史の中に位置を持っている。3日目の復活、40日目の昇天、現在の神の右の座での支配と執り成し、そして終末における再臨と最後の審判、これらが救済史の中心線を形作っている。これらの一連の出来事の最初にある復活は、今という新しい時代、新しい世界をもたらした出来事である。今、神の右にあってわたしたちのために執り成していてくださり、やがて再び来られて生きている者と死んだ者とをお裁きになる方は、わたしたちのために死に、わたしたちのために甦ってくださった方なのである。

「三日目に」

まず、使徒信条の言葉そのものを味わっていきたい。

使徒信条はきわめて凝縮した形で主イエスの地上のご生涯を語っているにもかかわらず、そして、十字架刑の日付に触れているわけではないにもかかわらず、わざわざ「三日目に」と言う。「三日目に」という文言は、パウロが伝えた「福音」の中にあり（Ⅰコリント 15:4）、3 世紀初頭のヒッポリュトスの『使徒伝承』に記されている洗礼式の際の問答にも見られる。主イエスのご復活を告白する際の大切な文言なのである。

「三日目」とは、わたしたちが生きているこの歴史の中の、ある具体的な日付である。「復活」とはどういうことなのか、わたしたちは知らない。聖書が主イエスのご復活を語るために、まず用いた言葉は「エゲイロー（起こす）」の受動態であり、「アニステーミ（起き上がる）」であった。ごく日常的な行為を指して使われる言葉である。主イエスは起こされた。起き上がった。このような単純な表現を用いて、しかし聖書がそこで指し示している出来事は、底知れず深く、わたしたちの理解を超えている。わたしたちの理解を超えているのだけれども、たしかにこの歴史の中で起きた出来事なのである。

聖書学は（というよりもむしろ歴史的批評的方法は）「聖書は主イエスの復活そのものではなく、弟子たちへの復活顕現しか語っていない」と言い、さらには「復活を歴史的出来事として捉えることはできない」と言う。しかし、教会はそこにとどまらない。復活顕現に接した使徒たちは復活の事実を証言し、どうしても伝えなければならない使信として宣べ伝えてきた。

ここでわたしたちは、二つのことを二つながらに十分に受け止める必要がある。第一に、主イエスのご復活は神の出来事であって、地上にこれと比べることができるものは何もなく、だから歴史学的に把握できるようなものではない。第二に、主イエスのご復活は歴史の中の出来事であり、客観的な現実であって、たとえば弟子たちの主観に還元できるものではない。

「復活は歴史的出来事ではない」とか「現実の出来事ではない」という言い方がなされることがある。上記の第二のことを見失っている。そのようなことを言う前に、「そもそもわたしは『歴史』とは何か、『現実』とは何かを

知っているだろうか。神がこの現実を造り、歴史を支配しておられるのだとしたら、自分が現実を把握し、歴史を見てとることができていると、ほんとうに言えるのだろうか」と自問しなければならない。

　他方、復活が歴史的な現実であることを素朴に信じているのはいいのだが、きわめて地上的にだけ考えていることもある。主イエスが完全に死なれたことを否定しているのではないのだが、復活を蘇生とさして変わらないこととして考えてしまっているのである。これでは、上記の第一のことをきちんと受け止めたことにはならない。ここで起きているのは、聖なる出来事であり、天的な出来事であり、終末的な出来事なのであって、ここで現れている命は、わたしたちの命についての経験や理解からはまったくはみ出してしまっている命なのである。

「死人のうちより」

　「死人のうちより」という言い方は、主イエスの復活を告げ知らせる天使の言葉の中に見られる。文語訳ではこのとおりだが、聖書協会共同訳では「死者の中から」（マタイ 28:7）となっている。原文は「アポ・トーン・ネクローン」だから、もっと正確には「死者たち（の中）から」である。

　死者たちの中から。わたしたちは主イエスのご復活を考えるときに、主イエスが独りで死なれ、独り葬られ、そしてお独りで甦って墓から出て行かれたと考えてしまうかもしれない。たしかにこの道は、子なる神がお独りで歩みとおしてくださった道である。しかし他方で、神の御子はまことに人となってくださり、それどころか「罪人のひとりに数えられ」てくださった（イザヤ書 53:12〔新共同訳〕；ルカ 22:37）。罪人として裁かれて死に、アリマタヤのヨセフの墓に葬られてくださった。わたしたちは墓に葬られても、主イエスから離れるわけではない。主は墓の中にもいてくださる。陰府も主の光で照らされている。

　死者たちの中から。それは、主イエスは死者たちの一人となり、死者たちとともに葬られ、死者たちとともに陰府に降り、死者たちとともにまことに死んでくださったということである。わたしたち罪人の一人になってくださ

っただけでなく、わたしたち死者の一人になってくださった。ここに、受肉の徹底があり、謙卑の徹底がある。そして、死者たちの中から甦られた。死んで横たわり、もうそれ以上先がないはずの者たちの中から、身を起こし、起き上がり、歩み出し、墓から出ていかれた。

　だから、「死から甦った」と言わずに、「死人のうちより甦りたまへり」と告白する、この言い方を大切にしたい。ここでは「死」だけでなく、「死人」が問題になっている。主イエスは死人と結びついてくださり、そして死人たちのただ中から甦られたのである。（余談だが、新約聖書には「病気」をいやす、という言い方と、「病人」をいやす、という言い方の両方が見られるが、後者の方が多い。わたしたちは「病気」に目を奪われてしまうが、主イエスはむしろ「人」に目をとめていてくださるように思われる。）

「よみがへり」

　新約聖書が主イエスのご復活を語るのに用いた言葉は、すでに述べたように「エゲイロー（起こす）」の受動態と「アニステーミ（起き上がる）」であった。これらは、たいへんに具象的な言葉である。寝床から起き上がり、身体的に立ち上がることを指す言葉だからである。

　使徒信条の原文はラテン語でしか伝えられておらず、「よみがへり」というところは resurrexit と言われている。resurgo の完了形である。surgo は「起き上がる」、resurgo は「再び起き上がる、もう一度現れる」を意味している。やはり身体的な行為を言い表す言葉なのである。

　他方、日本語の場合は「よみがえる」や「復活」という言葉も、「甦」という漢字も、抽象的で身体を感じさせない。「記憶がよみがえる」とか「昔のやり方が復活した」などと言うし、「復活折衝」といった言い方さえある。ここには「体を起こす」というニュアンスはないし、命あるものが一度死んで、再び生きることを指しているわけでもない。「古いもの、なくなったものが戻ってくる」というほどの意味である。

　キリスト者であっても、死後は肉体を離れた霊のみが天国に行く、という死生観を持っている人がいる。そういう人たちは、「復活」というのは「永

遠の命」の言い換えにすぎないのだと受け取っていて、事実上復活を否定してしまっている。そういう理解があることを考えればなおさらのこと、「よみがえる」という言葉を正しく受け取らなければならない。

　主イエスはよみがえられた。「よみがえられた」という以外に、わたしたちは言葉を持たない。しかし「よみがえる」という言葉が示している内容は果てしなく大きい。「よみがえる」とは、霊も肉もある全体としての命が新しくなり、復活の体をもって起き上がり、墓を出て、神の国に生きるようになることである。このことを、くっきりと捉えたい。

「あの方は復活なさった。」

　すでにいくつかの聖書の言葉を参照しているが、ここで信条の言葉から聖書の言葉にさかのぼって、聖書そのものが語っていることに耳を傾けたい。開きたい箇所はいくつもあるが、最初に書かれた福音書であるマルコによる福音書の復活物語（16:1–8）に聞こう。

　ここには「三日目に」という文言は見られないが、「週の初めの日」（2節）と語ることで、これが十字架上での死と葬りから三日目のことであり、歴史の中での出来事であったことを語っている。週の初めの日の朝、マグダラのマリアたち三人が墓に行ってみると、墓の入り口を閉ざしているはずの石はわきへ転がしてあり、墓は空であった。空の墓は、主イエスのご復活が「体」のよみがえりであり、復活とは、体も含めた全人的な救いの出来事であることを示していよう。

　墓が空になっており、主イエスのお体がそこにないことは、しかし女性たちに対して、ここで何が起きたのかを語るわけではない。女性たちはそれを見ても、ただただ驚くだけである。ここで何が起きたのかを明らかにするのは、人間の洞察や知識ではない。神への信仰や聖書の理解でもない。およそ人間が持っているものではない。ここで何が起きたのかを明らかにするのは、上からの言葉、天使が告げる言葉である。「あの方は復活なさって、ここにはおられない」（6節）。

　わたしたちはここでは、天使の言葉を繰り返すことしかできない。「主イ

エスはよみがえられた。そして今生きておられる！」

「さあ、行って、告げなさい。」

　主イエスの墓を訪ねた女性たちは、天使の言葉を聞いた。墓が空であるのを見せられ、使命を与えられる。「さあ、行って、弟子たちとペトロに告げなさい」（7節）。復活を知らされた者は、自分自身が復活を告げ知らせる者にされる。死者が起こされた。十字架の上で死なれた主イエスはよみがえらされ、墓から出て来られた。この出来事を知らされたまま、黙っていることはありえない。福音を聞くことの、どうしてもそうならざるを得ない必然的な帰結は、福音を宣べ伝えることである。

　R. リシャーがこう述べている。

　　　キリスト教説教はイエスの復活から生まれた。事の次第はこうだった。ひとりの弟子が身を震わせ、突然叫び、驚愕の声を上げた。「キリストはよみがえられた！」そしてその知らせを受けた者たちは歓喜し、聞いた言葉を繰り返すことで完結させ、説教にしたのである。「あの方は本当によみがえられた！」（リシャー『説教の神学』47 頁）

　「さあ、行って、告げなさい」との天使の命令が、説教を生み出した。御言葉によって空の墓に導かれたわたしたちにも、同じ使命が与えられている。

「あなたがたより先にガリラヤへ行かれる。」

　天使が託した説教の内容は、「あの方は死者の中から復活された」（マタイ28:7）という事実の宣言にとどまらず、そのことと深く結びついた続きがあった。「あの方は、あなたがたより先にガリラヤへ行かれる」（マルコ16:7）。「先に行く（プロアゴー）」はマルコの場合、「先頭に立って行く」（マルコ10:32）を意味しているのかもしれない。主イエスはこれまでと同じように、弟子たちの先頭に立って歩み続けてくださる。「ガリラヤ」は彼らの活動の場所であった。そこでお目にかかれる。

　「主イエスはよみがえられた」ということは、「主イエスは今生きておられる」ということである。そして「主は生きておられる」ということは、主は今も働き続けていてくださり、わたしたちの先頭に立って歩み続けていてくださり、わたしたちを弟子として、ご自身のわざのために用いてくださるということである。

　弟子たちは主イエスを裏切り、否認し、主イエスを見捨てて逃げ去った。もはや弟子でも使徒でもなくなった。しかし天使は「弟子たち」と呼び（7節）、主イエスは「わたしのきょうだいたち」と呼んでくださる（マタイ28:10）。そして主の弟子としての歩みを約束してくださった。ここに赦しがあり、和解があり、使命の委託がある。

　主イエスの物語はいつでも、「主イエスとわたし」の物語である。そうでなければ、それは「福音」でない。主イエスのご復活は、わたしから離れた所で、わたしとは関係のないこととして、主イエスがよみがえられたということではない。主イエスのご復活は、この方がわたしの主として生き、わたしの前を歩み、わたしに使命を与え、わたしのガリラヤで共に働いてくださるということである。

　天使は「弟子たちとペトロに」と言った（7節）。まるでペトロが弟子であることからこぼれ落ちてしまったかのように、わざわざペトロの名を挙げている。「ペトロ」の前にある「カイ」に強調の意味合いを読み取れば、「そしてペトロにも」ということにもなろう。三度主イエスを知らないと言ったペトロにも。そしてこのわたしにも。主の言葉はたしかに告げられている。

「眠りに就いた人たちの初穂」

　主イエスはよみがえられた。そして今もわたしたちの先頭に立って歩み続けていてくださる。そして、その歩みは地上で終わるのではない。神の国にまで続いていく。

　使徒パウロが書いたコリントの信徒への手紙一15章は「死者の復活の章」と呼ばれる。この章を読むと、コリントの教会の中には「死者の復活などない」と言う人たちがいたことがわかる（12節）。この人たちもキリスト

が復活したことは信じていた。しかし、自分たちが復活するとは信じられなかった。そのように考えることは、わたしたちにもよく理解できる。キリストは神の御子なのだから、復活なさっても不思議ではない。しかし、もろくて朽ちていくしかない人間が復活するとは信じられないのである。

　しかし、パウロはこのような考え方に断固として反対する。そしてこう語る。「しかし今や、キリストは死者の中から復活し、眠りに就いた人たちの初穂となられました」（20 節）。キリストはわたしたちとどこまでも深く結びつき、わたしたちの罪をご自分のものとして死なれた。そのキリストは、わたしたちとどこまでも深く結びついたままよみがえってくださった。わたしたちの「初穂」としてよみがえられた。

　主イエスのご復活には限りなく大きな意味がある。一つには、主イエスのご復活によって、十字架上での死が救いの出来事だったことが確かにされ、明らかにされた。十字架で死なれたお方を神はよみがえらせてくださった。それは、十字架の出来事を神が受け入れ、十字架で死なれたお方をまことの救い主として示してくださったということである。

　それと共に主イエスのご復活にはもう一つの意味がある。それは、「先取り」である。すでに見たように、主イエスはわたしたちの「初穂」としてよみがえられた。主イエスに起きたことは、やがて歴史の終わりにおいてすべての人に起きることになる。だから、主イエスの復活によって、わたしたちもたしかによみがえらされ、神の国を受け継ぐのだという希望を確かにされるのである。この確かな希望をもって信条を告白したい。

参考文献

ブルンナー『我は生ける神を信ず——使徒信条講解説教』大木英夫訳、新教出版社、1962 年

A. ファン・リューラー『キリスト者は何を信じているか——昨日・今日・明日の使徒信条』近藤勝彦・相賀昇訳、教文館、2000 年

R. リシャー『説教の神学——キリストのいのちを伝える』平野克己・宇野元訳、教文館、2004 年

天に昇り

荒瀬牧彦

昇天をめぐる聖書箇所

伝統的に教会が「昇天」を聖書に学び、祝ってきたのは、復活日から 40 日目の昇天日、あるいはその 3 日後の復活節第 7 主日においてである。

先ず、レクショナリー（聖書日課）での昇天日の聖書箇所を確認しよう。

改訂共通聖書日課（RCL）では、使徒 1 章 1–11 節、詩編 47 編または 93 編、エフェソ 1 章 15–23 節、ルカ 24 章 44–53 節。

日本キリスト教団出版局聖書日課編集委員会による 4 年サイクル主日聖書日課では、ダニエル書 7 章 13–14 節、使徒 1 章 1–11 節が毎年共通で、福音書と詩編が変わる。A 年：マタイ 28 章 16–20 節、詩編 47 編 2–10 節。B 年：マルコ 16 章 15–20 節または 8 章 31 節–9 章 1 節、詩編 110 編 1–7 節。C 年：ルカ 24 章 44–53 節、詩編 47 編 2–10 節。D 年：ヨハネ 16 章 1–11 節、詩編 51 編 12–19 節。

この他、説教やカテキズムで取り上げられる箇所として、ヨハネ 3 章 13 節、12 章 32 節、20 章 17 節、ローマ 8 章 34 節、エフェソ 4 章 8–16 節、フィリピ 2 章 6–11 節、コロサイ 3 章 1–4 節、ヘブライ 9 章 24 節、I ペトロ 1 章 3–9 節などがある。

主の昇天を祝う日の形成過程

　教会の祝祭暦の中に昇天日が加わったのを確認できるのは 4 世紀である。トーマス・タリーは『教会暦の諸起源』において、3 世紀終わりから 4 世紀初めに、復活日後の断食を行わない期間を 50 日から 40 日に短縮する動きがあったことと、それをエルヴィラ公会議が禁じたことの中に昇天日祝祭の兆しを見ている。復活祭の 40 日後から断食を再開する人々の根拠に、「花婿が取り去られる日が来る。その日には、彼らは断食することになる」（マルコ 2:20 他）があったとタリーは言う。

　昇天は聖霊降臨と同時に祝われていたが、4 世紀終わりには多くの土地で、復活祭の 40 日後に昇天日を祝うようになっていた。375 年頃のシリアに由来する『使徒教憲』や 387 年のクリュソストモスの説教、388 年のニュッサのグレゴリウスの説教が、聖霊降臨祭からは分離した昇天祭に言及している。聖書が正典として成立していく過程で、イエスの誕生と死、復活と昇天、聖霊降臨と教会の誕生を、時系列の順序で礼拝の暦に位置づけようとする教会の関心が強まったものと推測できる。復活の主と共にあった 40 日と、昇天後に約束されたものをひたすら祈って待った 10 日間。それぞれに必要な時間であり、神が備えてくださった時であった。教会暦とは、そのような神が定め給う時間という感覚を肌で味わっていくための知恵である。

神の勝利と栄光を現す昇天

　「天に昇り」とは、その誕生と死と復活において神の栄光を現されたキリストが、地から天へ、すなわち人には触れられない領域へと戻られることで、さらに栄光を現したことだと言える。天から地へ、地から天へという動きを、ヨハネ福音書は、次のような仕方で語っている。

　「天から降って来た者、すなわち人の子のほかには、天に上った者は誰もいない。そして、モーセが荒れ野で蛇を上げたように、人の子も上げられねばならない。それは、信じる者が皆、人の子によって永遠の命を得るためである」（3:13-15）。「今しばらく、私はあなたがたと共にいる。それから、私を遣わした方のもとへ帰る。あなたがたは、私を捜しても、見つけることが

ない」（7:33-34）。「今こそ、この世の支配者が追放される。私は地から上げられるとき、すべての人を自分のもとに引き寄せよう」（12:31-32）。「私の父の家には住まいがたくさんある。……行ってあなたがたのために場所を用意したら、戻って来て、あなたがたを私のもとに迎える」（14:2-3）。

このように神の救いの業が、天から地への派遣、地から天への帰還、そして再来という上下の空間的運動として表現される。ヨハネ福音書の「上げられる」は多義的であり、イエスが十字架に上げられること、復活すること、天に昇ること、そして人々がキリストの支配へと引き寄せられ永遠の命を得ることである。

受肉において、神である言が肉となってこの世に来て、人々の間に宿った。そして昇天においては、言が使命を果たし終えて本来のところに戻った。信じる者すべてに永遠の命を得させるための使命を完遂し、地を離れる。それゆえ昇天は、誕生・死・復活と同様に、神の栄光の現れなのである。

チャールズ・ウェスレーの賛美歌「たたえよ、この日」（『讃美歌21』337番）は、キリストの昇天がなぜ地上の教会にとって喜びであるかを、美しく歌っている。「空のはるか上にある王座へと、罪人のために身を捧げた小羊キリストが昇っていくのを見る」がゆえに、「罪と死を打ち破り、栄光の王となられた」がゆえに、「王座に戻られても、なお後に残した地を愛し、人々をご自分のものと呼ばれる」がゆえに、そして「御自身の死をもって今も執り成し、御自身のもとにわたしたちの場所を用意してくださる」がゆえに、「ハレルヤ！」と歌うのである。

御子は罪の奴隷である人間を救うために、一人の人間となり、罪人と同じ地平に立たれた。イエスが旅をして歩いた範囲は世界地図で見れば本当に僅かな領域に過ぎない。直接その声に触れられた人はどれほどか。きわめてローカルな宣教であった。しかしその具体性によって、福音は生きたものとなった。そして今度は昇天、つまり地上の時間空間から自由になることによって、ナザレのイエスの説いた神の国、罪の赦し、永遠の命が、時空を超えてすべての人に届くことになったのである。昇天のゆえに、あのイエスの言葉と業を、このわたしが今受けることを許されている。十字架の釘の跡を帯び

た方が、すべてを統治される王として神の右に座すことを、昇天の神秘は告げる。

キリストが天におられるならば

　天に昇られたイエスという信仰は、なお地上に生きる者たちにとって二つのことを意味し得る。一つは、キリストが天の御座におられるのだから、この地には何一つ神と崇め奉られるものはない、ということである。復活の主が、仲間たちの証言を信じなかったトマスのもとに現れた時、トマスは「私の主、私の神よ」と告白した。彼は地上で神を見たのである。しかし今はその、神である主が地におられた40日間ではない。主は天に、弟子たちは地に、と天と地が隔てられたのである。それはつまり、今この時、地上に「神」と崇められるべきものは何もない、ということである。何か特別に秀でたものを持つ人間をすぐに「カミ」と呼ぶ風土に育ち、きわめて宗教的な役割を帯びた天皇をなお保持する国に生きる日本のキリスト者にとっては、これは重要なことである。天の高くにいます方を唯一の主とするということは、地上のどんなものも偶像にせず、その支配から自由であることだからである。

　もう一つの意味は、地にある者たちは、天にあるものを求めながら地上を旅する者である、ということである。世捨て人ではない。この地で営まれる社会生活に対して責任を負って生きる市民である。しかし、最後に帰るところはそこではない。「私たちの地上の住まいである幕屋は壊れても、神から与えられる建物があることを、私たちは知っています。人の手で造られたものではない天にある永遠の住まいです」（Ⅱコリント 5:1）。真の国籍がある天に向かっているのである。「あなたがたはキリストと共に復活させられたのですから、上にあるものを求めなさい。そこでは、キリストが神の右の座に着いておられます。上にあるものを思いなさい。地上のものに思いを寄せてはなりません」（コロサイ 3:1–2）。天に昇られたキリストを見つめることは、神の子としての生きる姿勢を形作ることなのである。

天を見上げている使徒たちに

　使徒言行録１章を読むと、40日にわたって現れ、神の国について語り、食事を共にしてくださったイエスが天に昇るというのは、ウェスレーの賛美歌のように「たたえよ、ハレルヤ！」と喜べることではなかっただろう。彼らは食事の席で、イエスから「エルサレムを離れず、私から聞いた、父の約束されたものを待ちなさい」（使徒1:4）と命じられて、困惑したに違いない。この先何が起こるのか、まったく見えていなかったのである。バッハの昇天日のカンタータが「ああ、お願いですからまだ離れていかないでください」と歌う、親にすがりつく幼子の心細さである。自分たちの弱さを知っていればこそ、「いつも見えるところにいてくださらなければ信仰が持たない」という不安があったろう。使徒言行録の叙述から想像されるのは、頼れるものを目の前から失い、呆然として天を仰いで立ち尽くしている者たちの姿である。

　「あなたがたは間もなく聖霊によって洗礼を受ける」という約束を与えられた時に、使徒たちは「主よ、イスラエルのために国を建て直してくださるのは、この時ですか」と尋ねた。つまり、彼らの思いは依然として、ユダヤ人という民族意識の中での、この世の国としてのイスラエルの復興、というところにとどまっていたのである。そして、それは聖霊なるものが賦与される時に容易に実現できるもの、と考えていたのである。いくらイエスに出会っても、その言葉に聞いても、ついには復活の命に触れても、なお彼らの救済の理解は変わっていなかった。人間が、自分の硬直した理解の枠を乗り越えるというのはどれほど難しいことなのだろう。

　イエスは使徒たちの「この時ですか」という問いに、然りも否も言わない。父の定められた時や時期を人が知ることはできないからである。その代わりイエスが告げたのは、聖霊が降る時、彼らが力を受けて「エルサレム、ユダヤとサマリアの全土、さらに地の果てまで」キリストの証人になるということである。イエスは時間的な問いを空間的な広がりへと転換して答えたのである。しかも、弟子たちの想像を大きく超える空間への広がりである。「ユダヤとサマリアの全土」で既に、弟子たちの理解の容量を超えている。サマ

リアの全土へと立ち入るのは常識外れである。ところがサマリアどころか「地の果てまで」というのだ。「地の果て」とはどこか。神の目から見るならば、地球は丸い星であり、どこが果てでもない。果てとは、自分からしか物を見ることができない人間のための表現に過ぎない。果てをどこに見るかは、人の立つ場所によって異なるのだ。ゆえにそれは特定の場所のことではない。――あなたが最も遠いと考えるところ、一番到達できそうもないと思うところ。それが地の果てだ。地理的な遠さだけでない。社会的、心理的、人種的な距離。それは人と人を隔てる壁の高さだ。しかし、あなたが「果て」だと思うところで、神は働いておられる。あなたはそこへまで行くのだ。そこにあなたの出番があるのだから。

教会の時の始まりとしての昇天

　イエスはそのような約束を残した後、「雲に覆われて彼らの目から見えなくなった」（新共同訳）。ここから先、地上の者たちは、使徒であってもその目をもってイエスを見ることはできなくなった（例外的な人物であるパウロでさえ、その目で復活の主を「見る」ことはしていない）。新しい時代に入ったのである。ルカ・使徒言行録の示す救済史の枠、すなわち（旧約が証ししている）イスラエルの時、（福音書が証ししている）キリストの時、（使徒言行録がこれから告げる）教会の時でいうならば、昇天は、キリストの時から教会の時へと移行する境目なのである。

　昇天とは、消極的な言い方をすれば、もはやイエスが地上において直接的に見える仕方で御自身を啓示されることはない、ということである。終わりの日が来るまでは、わたしたちに啓示の直接性はない。教会の時には、キリストの時の直接性と異なり、「今は、鏡におぼろに映ったものを見ている」（Ⅰコリント 13:12）という間接性の中に置かれるのである。

　カール・バルトは『われ信ず』の中で、教会の時をこのように述べている。「それは『彼の栄光を見る』時ではもはやないし、また未だその時ではない。それは時と時の間、すなわち、啓示の時と、啓示において啓示と共に端的に告知され、顔と顔とを合わせて見る時、そしてそれと同時に時の終わりとな

る時、との間の時である」（104 頁）。この時において、「天的な頭をもつ地的な体」である教会は、啓示によって、信仰によってキリストと一つであり、聖霊を通して力と救いにあずかり、従順と希望によって仲保者キリストに従い、キリストの執り成しと憐れみにより頼むことによって神の国にあずかるのであって、「このような間接さが教会と教会の時全体との限界である」（同106 頁）。

　しかし、それは積極的な言い方においては、キリストによって呼び集められ、キリストの体へとつながれた者たちに、聖霊の力をいただいて福音に仕える時間が与えられた、ということである。時と時の間、「既に」と「いまだ」の中間時は、意味なく待たされる呪われた時ではない。それは人が悔い改める時であり、聖霊に満たされて良いものを生み出すための時である。人間という存在に神が授けられた賜物が用いられ、花開く時である。小さな者たちがその小ささを通してキリストの大使を務め、その低さを通してキリストの手、足、唇としての奉仕をささげる時である。それはおとめたちが花婿を迎えるともしびを用意して待つ時であり、主人が託してくれたタラントンで商売をしてさらに多くのタラントンを得る喜びの時である。

　昇天と再臨の間にあるこの教会の時において、大切なことが起こる。隔てられている者たちが壁を乗り越えて一つとされるということである。かつてイエスは言われた。「私には、この囲いに入っていないほかの羊がいる。その羊をも導かなければならない。その羊も私の声を聞き分ける。こうして、一つの群れ、一人の羊飼いとなる」（ヨハネ 10:16）。主は一民族の守り神に祀られる道をしりぞけ、すべての人々を見渡すところへと昇られた。もはやユダヤ人も異邦人もない。奴隷も自由人もない。キリストに遣わされた者たちは囲いを超えて、「地の果て」にまで行って、福音を分かち合うという使命に生きなければならない。

教会の時を祝福するイエスの姿

　教会の時は、途上にある時である。終わりの時は切迫しているが、なお来ない。闇は深い。人と人とは争い、憎しみ合い、富と権力という偶像に翻弄

されている。天と地を隔てる淵は深い。しかし、それにもかかわらず、昇天
に続く教会の時には喜びが残されている。終わりの時まで持続する喜びがあ
る。ディートリッヒ・ボンヘッファーは昇天日の説教において、途方にくれ、
孤独なさまの教会に与えられている「昇天のよろこび」があるのだと語った
(『ボンヘッファー選集 8　説教』161 頁以下)。それは、キリストの高挙と再臨
を告げる説教の喜びであり、天の故郷における食卓を先取りするサクラメン
トの喜びである。ペトロの手紙一が「あなたがたは、キリストを見たことが
ないのに愛しており、今見てはいないのに信じており、言葉に尽くせないす
ばらしい喜びに溢れています」(1:8) と証言しているのは、まさにそのよう
な終わりの日の「前よろこび」なのである。

　時間軸における「先」への接近を、空間軸に移して表現すれば「上」への
成長となる。エフェソ書は、キリストが「あらゆる天よりもさらに高く昇ら
れた」(4:10) のは、聖徒たちに役割を与えてキリストの体として造り上げ
るためであったと言う。それゆえに信仰者たちは「頭(かしら)であるキリストへと
あらゆる点で成長していく」(4:15) のである。これはまさに、昇天のもた
らす喜びである。

　喜びを語る上で、ルカによる福音書の結びが語る昇天の記事はとても重要
である。そこには弟子たちが最後に目にしたイエスの姿が記されている。イ
エスは「手を上げて祝福された」(ルカ 24:50) のである。そして「祝福しな
がら彼らを離れ、天に上げられた」のである。中間時を歩む教会は、つまり
我々は、手を上げて祝福しながら天に昇られたイエスのもとに置かれている。
決して、棄てられた孤児のように、この世にあるのではない。イエスの祝福
を受けたものとして、今もこの地に置かれているのである。祝福のもと、証
しのために与えられた時間を生きているのである。

黙想のために

　「天に昇り」がわたしたちに教えることは多義的である。その豊かな意味
のどれもが、イエスが天に昇られたということが、今の我々の生、そして教
会の使命と未来に深く強く結びついていると伝えている。喜びとして味わい

たい。

参考文献

Thomas J. Talley, *The Origins of the Liturgical Year*, Pueblo, 1986.

カール・バルト『われ信ず——使徒信条に関する教義学の主要問題』安積鋭二訳、
新教出版社、2003 年

ディートリッヒ・ボンヘッファー『ボンヘッファー選集 8　説教』大崎節郎訳、
新教出版社、1964 年

全能の父なる神の右に坐したまへり

安井 聖

主イエスは今何をしておられるのか

「(主は)全能の父なる神の右に坐したまへり」。権威者の右に座る者は、その権威者と同じように重んじられる代理人、そのような考え方は中国や日本に古くからあったが、聖書の世界においても同様であった。主イエスが神の右に座しておられる、使徒信条はそう述べることによって、神の支配と意思はこのお方によって実現される、との信仰を言い表している。

使徒信条は三項によって構成されており、第二項では主イエス・キリストへの信仰を言い表している。その第二項は、まず「我はその独り子、我らの主、イエス・キリストを信ず」とこのお方の呼び名を言い表し、それに続いてこのお方のみわざを述べていく。ラテン語原文を見ると、主のみわざを表現する動詞の時称は、「主は聖霊によりてやどり」から「天に昇り」までは現在完了形になっている。しかしそれに続く「全能の父なる神の右に坐したまへり」は現在形である。つまり使徒信条は、地上の生涯において救いのみわざを完了してくださった主イエスが、まさに今この時父なる神の右に座し、父の全能の力を用いて働いておられる、と述べているのである。

カール・バルトは、今主が父なる神の全能の力をもって働いておられることと、主が地上の生涯において成し遂げてくださった救いのみわざとの関係を、次のように捉えている。

「われわれがすべてのものの上に立ち給う全能の神について語る場合、〈神の全能という言葉において、この使徒信条の第2項が語っている現実以外のものを、決してどのような意味ででも理解せぬ〉ということを、われわれは、要求されている。……イエス・キリストにおいて起こった和解は、一方から言えば偶然的な出来事ではなく、われわれは、この神の恵みの御業において、神の全能に面しているのだ……神の全能は、徹頭徹尾、イエス・キリストの和解の恵みにおいて、示され・働くのである。神の恵みと神の全能は、一致する。われわれが他方を抜きにして一方理解することは、許されない」（『カール・バルト著作集10』155頁）。

今主が神の右に座して行使しておられる全能のみわざと、主が受肉・十字架・復活によって成し遂げてくださった救い、すなわち神との和解の恵みとは固く結びついている。いや、両者は同一のものである、とバルトは主張する。

このバルトの言葉に、使徒信条のこの言葉を黙想しようとする者が立つべき神学的土台が示されている。今神の右に座し、全能の力をもって働いておられる主イエスは、受肉・十字架・復活によって成し遂げてくださった神との和解という恵みの現実にわたしたちが生きていくために、集中して働いておられる。まさにその主のお姿を思い巡らし証言することを、キリスト者は求められているのである。

新約聖書は、神の右に座しておられる主のお姿をさまざまなパースペクティヴで捉えている。同時に、そこに一貫して見えてくるのは、神との和解の現実にわたしたちを生かすために働いておられる主のお姿である。

主は日々新しく洗礼の恵みに生かしてくださる

コロサイの信徒への手紙第3章1節は、神の右に座しておられる主のお姿を次のように証言している。「あなたがたはキリストと共に復活させられたのですから、上にあるものを求めなさい。そこでは、キリストが神の右の座に着いておられます」。この言葉は、わたしたちがキリストと共に復活させていただいたことと、そのキリストが神の右に座しておられることとを結

びつけている。わたしたちを復活させてくださった主を見上げて生きよう、と促しているのである。

　わたしたちはいつどのようにして、キリストと共に復活させていただいたのか。第2章12節はこう述べている。「あなたがたは、洗礼によってキリストと共に葬られ、キリストを死者の中から復活させた神の力を信じて、キリストと共に復活させられたのです」。洗礼の出来事において、わたしたちはキリストと共に死んで復活させられ、死に勝つ命を与えていただいた。そしてその命を支えているのは、神が完全にわたしたちの罪を赦してくださったという事実である（13−15節）。死と命を支配なさる神との和解の現実が、わたしたちを力強く支え、死の現実に打ち勝たせてくださるのである。

　キリスト者の詩人である島崎光正は、「石」という題の詩を書いた。「池の水から／あがったばかりのように／種をこぼした草の褥の上にすわり／初冬の陽に向かい／石のように抱いていた／『死』の衣を脱ぎそめる」。

　これは洗礼式の経験を述べたものと思われる。島崎自身の経験ではないか。池の水に入って洗礼を受けたのであろう。その水からあがり、草むらの上に座る自分を、初冬の陽が照らしている。朝陽は、朝お甦りになった主の命を象徴するもの、古来より教会はそう考えてきた。今洗礼を授けられたわたしは、主の甦りの命の光に照らされている。あの石のように抱いていた死の衣を、もう脱がせていただいたのだ。そんな喜びを歌っている。

　わたしがこの詩で特に好きなのは、「死」の衣を脱ぎそめる、という言葉である。脱ぎそ（初）める、には、その後も繰り返し脱がせていただく、という含みがある。もちろん、洗礼はただ一度の決定的な出来事である。わたしたちはすでに主と共に罪人としての死を死に、主と共に復活させられ、今神との和解の現実を生きる者としていただいている。しかし同時に、その後もわたしたちは死の脅威に揺さぶられるような経験を重ねながら、死と戦い続けている。まさにそこで、わたしたちが洗礼を授けていただいた事実が確かな支えとなる。洗礼の恵みは決して過去のものとはならず、かえって死と戦う日々の中で、いつも新しい喜びにわたしたちを生かす。それは、今全能の力をもって働いておられる主の御手に触れていただく、喜びの経験なので

ある。

　わたしは以前礼拝式の説教で、ヨハネによる福音書第5章24節を説き明かしてこう語りかけた。「主イエスが語っておられる永遠の命とは、死んで初めて与えられるものではありません。洗礼を受けた者は、すでに永遠の命を与えていただいています。今、死に打ち勝つ命が与えられているから、その命の力に支えられて、わたしたちは肉体の死を迎える戦いを戦い抜くことができます」。癌の手術をして以来、肉体の弱さを覚えていた年長の教会員の男性が、その説教を聴いていた。普段ほとんど説教へ感想を語ることのない人だったが、その時は珍しく、礼拝後に興奮しながら話してくれた。「そうだったんですね。今すでにわたしは、永遠の命を生きる者としていただいている。なんと感謝なことでしょう」。

主は神の右に座し、立ち上がっておられる

　ヘブライ人への手紙第10章では、主が神の右に坐しておられることが、特に大切なこととして言い表されている。11−12節にこう語られている。「すべての祭司は、毎日立って礼拝の務めをなし、決して罪を除くことができない同じいけにえを、繰り返して献げます。しかし、キリストは、罪のためにただ一つのいけにえを献げた後、永遠に神の右の座に着き、……」。ここでは、キリストが成し遂げられた救いのみわざが、ユダヤ教の祭司によるいけにえと比較されている。つまり祭司は今も立っていけにえを献げ続けているのに対して、イエス・キリストはただ一度ご自分の体を献げてくださったことによって（10節）、罪の赦しのみわざを完了してくださった。だからこそキリストは今、神の右に座しておられるのである。

　しかし他方で、ステファノがキリストへの信仰告白を貫いた結果、ユダヤ人たちによって石で撃ち殺されるという最期を迎えた時、そこで仰がせていただいたのは神の右に立っておられるキリストのお姿であった。「ステファノは聖霊に満たされ、天を見つめ、神の栄光と神の右に立っておられるイエスとを見て、『ああ、天が開けて、人の子が神の右に立っておられるのが見える』と言った」（使徒 7:55−56）。

　加藤常昭はヘブライ人への手紙第 10 章 1–18 節からの説教において、神の右に座しておられるキリストと、ステファノが見せていただいた立ち上がるキリストのお姿との違いに触れながら、印象深い説教をしている。そこで加藤は、この手紙の第 10 章 2–3 節の言葉を取り上げる。

　「もしできたとするなら、礼拝する者たちは一度、清められた以上、もはや罪の自覚がなくなるのですから、献げ物をすることは中止されたはずです。ところが実際は、いけにえによって年ごとに罪の記憶がよみがえってくるのです」。罪の自覚がなくなる、これは驚くような言葉である。祭司によるいけにえでは罪の記憶がよみがえってくるが、キリストによるいけにえは罪の自覚をなくすほどのものだ、そう語りかけている。「むしろ罪の自覚を持ち続けることこそ、信仰者にふさわしいのではないか」。もちろんこの手紙は、罪の自覚がなくなり、悔い改めることもなくなる、ということを述べているのではない。そうではなく、キリストがすでに完全な仕方で罪の問題を解決してくださったことを、この言葉で強調しているのである。「どれだけ鋭敏に自分の罪を自覚するか、そこに救いはかかっている」、そんなふうに自分の力にこだわり続けるわたしたちに、この手紙は語りかける。主は罪の赦しのみわざを完璧に行ってくださった。だからこそ主は今、神の右に座しておられるのではないか。その主のお姿を指差しながら、この手紙はわたしたちを自分にこだわる心から解き放とうとしているのである。

　そして主が救いのみわざを完璧に行ってくださったことと、ステファノが神の右に立っておられる主を見させていただいたこととは、決して矛盾しない。むしろ聖書は、神の右におられる主のお姿をこれら二様の言葉で言い表すことによって、そこに込められている恵みがどれほど豊かなものであるかを伝えているのである。加藤はこの説教において、教会の中で起こった悲しい出来事と向かいあっている。この礼拝式の前日に、ある教会員のお子さんが不慮の事故で亡くなった。家族が、教会の仲間たちが、激しく心を揺さぶられる出来事のただ中で、神の右におられる主を共に仰ごうとしている。だからこそステファノの姿を説き明かしながら、次のように語っている。

　「この手紙の著者、これを聞いた人たち、これを読んだ人たちもまた、な

ぜ、こんなふうにわれわれは厳しい体験をしなければならないのかという問いの中にあった。ステファノもまたそうでした。堂々と死にながら、しかし、なぜわたしは、今ここで殺されなければならないのか、これはおかしいではないですか、と神に問う思いもあったに違いない。しかし、それを超えるのです。超えられるのです。自分の信仰によってではありません。主が立ってくださるからです」（『加藤常昭説教全集20　ヘブライ人への手紙2』52-53頁）。

「なぜですか」と神に問うステファノの姿を、使徒言行録は語っていない。しかし、自分たちの経験と重ねあわせるように聖書の言葉を聴き、ステファノもまた自分たちと同じ戦いの中にあったことに目が開かれる。しかもステファノのために、自分たちのために、今神の右に立ち上がっておられる主のお姿を仰がせていただく。だから、どこにも持っていくことのできない悲しみを、嘆きを、叫ぶようにして神に問うこともできる。そうやって生きることが、今神の前に許されている。

「私は罪の自覚の鋭さなどというのは、神がなさってくださった、キリストにおいてしてくださった救いの完璧さに比べたら物の数ではないと思うようになりました。……仰ぐべきものは、ただキリストであります。愚かですから、思いがけないことに出会うと、ただ嘆くよりほかありません。言葉が出て来なくなります。しかし、その時にも私どもの中にあり、私どもの見上げるところにいつもいてくださる、神の右に座して、すべての敵が征服されるまでわたしを待ち続けていてくださる主、わたしは戦い続けるとおっしゃっていてくださる主イエスを仰ぐことはできる」（同書53頁）。

実に豊かな、慰めに満ちた主のお姿が、ここに語られている。わたしたちがどんな中を歩む時にも、どんな姿を神の前にさらしてしまうとしても、そんなわたしたちのために救いを完璧に成し遂げてくださった神の右に座しておられる主イエスは、同時にその揺るがない救いをもって、嘆き悲しむわたしたちのために立ち上がって働きかけてくださるのである。

主は新しい言葉を語る者にしてくださる
マルコによる福音書第16章19-20節は、神の右に座しておられる主の

お姿をこのように語る。「主イエスは、弟子たちに話した後、天に上げられ、神の右に座られた。弟子たちは出て行って、至るところで福音を宣べ伝えた。主も弟子たちと共に働き、彼らの語る言葉にしるしを伴わせることによって、その言葉を確かなものとされた」。神の右にお座りになった主イエスは、同時に今もご自分の弟子たちと共に働いておられる。どのように働いておられるのか。主は弟子たちの言葉を確かなものとしてくださるために、力あるしるしを伴わせていてくださる。そのしるしが具体的に17–18節で語られているが、その中でわたしの心に留まったのは「新しい言葉を語る」というしるしである。これまでに聴いたことのない新しい言葉を、弟子たちは主の全能の力に支えられながら語らせていただいたのである。

　主がわたしたちに語らせてくださる「新しい言葉」の新しさは、まさに復活された主が弟子たちと出会っておられるこの直前の箇所において見ることができる。復活の主に出会った時、弟子たちは確かな信仰に生きていたわけではない。むしろ主の復活を告げる仲間たちの言葉を信じられず、そんな自らの不信仰と頑なさを主にとがめられたのである（14節）。しかしそんな弟子たちが、今からどんなに力強く福音を宣べ伝えていくかを、主は弟子たちに先立って見抜き、それを言葉にしておられる（15–18節）。

　ルードルフ・ボーレンは、説教黙想における必須の課題として、「聴衆の創造的発見」を挙げる。「聴衆を創造的に発見するというのは、すでにそこにあるものとして発見されている者を、改めて神のみまえにあるものとして発見すること、つまり神の恵みによる選びの中でこれを見るということを意味する。……この恵みによる選びが方向を指示するものとならないと、聴衆の状況について社会学的心理学的考察をしても、それはすべて過ちを犯すことになる。……わたしは聞き手を、その人がキリスト・イエスにあって得ている尊厳と高貴の中で発見するに至るような仕方で、これを『創造的に発見する』のである」（『説教学Ⅱ』234頁）。

　説教者は聴き手を、主が成し遂げられた神との和解の現実の中にいる者、すなわち神の選びの中にある存在として見出すことが求められる。しかし、それを誰よりも先立ってしてくださったのが主イエスである。主は不信仰で

頑なな弟子たちをご覧になりながら、彼らの真実の姿を創造的に発見して語りかけておられる。これこそが新しい言葉である。弟子たちも、わたしたちも、そのように自らが神に選ばれ、神との和解の現実を生きている事実に気づかされるからこそ、目の前の人が自分と同じ恵みに捉えられていることをも、創造的に発見することができるのである。

　新型コロナウイルスの猛威の中で、わたしたちはいろいろなことを自粛せざるを得ない歩みをしてきた。多くの教会が、礼拝のために教会堂に集まることを自粛した。その渦中にあったとき、教皇フランシスコが語った言葉に心打たれた。「たとえ、隔離されていても、わたしたちの思いと心を、愛の創意工夫によって、遠くに届けることができます。愛の創意工夫こそが、わたしたちが今、必要としているものです」（2020年4月3日「2020年聖週間に向けてのビデオメッセージ」）。

　「愛の創意工夫」、これも新しい言葉である。どのような中にあっても、主が共に働いておられるから、わたしたちはそこで愛の創意工夫をすることができる。わたしたちのささやかな愛の創意工夫を主が用いてくださるから、わたしたちも他者を愛し支えて生きることができるのである。

黙想のために

　今神の右に座し、全能の力をもって働いておられる主は、ご自分が成し遂げられた神との和解の現実にわたしたちが生きていくために働いておられる。ここでは、その主のお姿を指し示す三つの聖書の言葉を黙想した。

参考文献

K. バルト「教義学要綱」井上良雄訳、『カール・バルト著作集10』新教出版社、1968年

R. ボーレン『説教学Ⅱ』加藤常昭訳、日本キリスト教団出版局、1978年

加藤常昭『加藤常昭説教全集20　ヘブライ人への手紙2』ヨルダン社、1994年

かしこより来りて、生ける者と死ねる者とを審きたまはん

須田　拓

「かしこより来りて、生ける者と死ねる者とを審きたまはん」は二つのことを告白している。一つは主キリストの再臨であり、もう一つは、そのキリストが審き主として来られることである。

主の再臨（パルーシア）

主は、復活の 40 日後に天に昇られたが、やがて再び来られると使徒信条は告白する。聖書においても、例えば使徒言行録で「あなたがたを離れて天に上げられたイエスは、天に昇って行くのをあなたがたが見たのと同じ有様で、またお出でになる」（1:11）と言われるが、第一テサロニケ書でも「合図の号令と、大天使の声と、神のラッパが鳴り響くと、主ご自身が天から降って来られます」（4:16）と言われ、主が再び来られるのは終末の時であるとされる。

主キリストが再び来られることは、パルーシアと呼ばれる。マタイ福音書では、「あなたが来られて世の終わるときには、どんな徴があるのですか」（24:3）というように、主の再臨（パルーシア）は世の終わりと結びつけられ、

さらに「人の子が大いなる力と栄光を帯びて天の雲に乗って来る」（同 30 節）、また「人の子が来る」（同 37, 39, 44 節）と、黙示文学の「人の子」の来臨と結びつけられている（ダニエル書 7:13 などを参照）。さらにそのパルーシアは、第一コリント書 15 章ではキリストの主権の確立と、そして第一テサロニケ書 4 章では死者の復活と結びついている。

十字架で死なれた主は復活され、今生きておられると私たちは信じ、告白する。さらに使徒信条は、その主は天に昇られ、今私たちの目には見えないが、やがて終わりの日に再び来られるというのである。それはつまり、私たちの信仰が、ただ過去の出来事を語り伝えるだけではないことを意味している。天に昇られた主は、最早私たちと関わりを持たないのではなく、今なお私たちと関わっていてくださる。パウロは「死んだ方、否、むしろ復活させられた方であるキリスト・イエスが、神の右におられ、私たちのために執り成してくださる」（ローマ 8:34）と語っているし、カルヴァン以来の改革派の理解では、私たちは聖餐によって、天におられるキリストに与っている。そして私たちはこの主が今もなお共にいてくださると信じるとともに、将来においても、このお方が再び来てくださること、そしてその時、主はあの復活の力によって死を完全に討ち滅ぼして私たちをよみがえらせ、私たちの王として支配してくださることを信じている。それゆえ教会は今も、そしてこれからも、私たちのために働いてくださるお方があることを宣べ伝えるのである。

終末の「既に」と「未だ」

主ご自身が自らの再臨を約束されたため、主はすぐに来られると信じられていた。とりわけ、70 年のエルサレム神殿崩壊にあっては、いよいよ主が再臨されるとの期待が高まったことが知られている。例えば、「その時には、世の初めから今までなく、今後も決してないほどの大きな苦難が来る」（マタイ 24:21）というように、終末の前には大きな苦難が訪れるとされ、また「偽メシアや偽預言者」が現れる（同 24 節）というような混乱が予告されていた。当時の人々は、まさにその主の言葉に現実を重ね合わせつつ、主の来

臨を近いこととして待ったのであろう。

　しかし、主はお出でにならなかった。それをどのように理解するのかは、終末の遅延の問題として、聖書の随所に表れている。

　その中で、例えばルカは、「神の国はあなたがたの中にある」（ルカ17:21）と記し、既にキリストの到来によって終末の神の国が始まっていることを示唆したし、ヨハネ福音書にもその傾向が強くあるとされる。確かに私たちは既に神の国を味わっている（本書45頁以下「独り子」の黙想を参照）。既にキリストに結ばれて、神のものとされ、神の支配（＝神の国）の中に置かれていると言ってもよいことが私の身に起きており、また、礼拝で神の国の姿をおぼろげに見ている。

　だが、それにしても、私たちが今見ているものは不完全であり、未だ全きものではない。したがって、終末の姿は「既に」では決して言い尽くされることはない。終末の此岸性の強いヨハネによる福音書においても、終末の将来的側面が同時に語られている（例えばヨハネ6:44; 12:48など）。終末は「既に」と「未だ」の両側面を持つ。そして、主が再び来られるとの信仰は、まさにその「未だ」の重要な要素であるのである。

　それは、この歴史の先に世界の完成があるということでもある。未だ世界は完成していないし、今のこの世界が世界の完成の姿でもなく、したがって、完成した世界はこの程度の世界ではない。問題山積であるのは、世界が未完成であるからである。しかし、世界はこのままであるわけでもない。「既に」その神の国の姿を味わい始め、その素晴らしさを知らされているからこそ、私たちはそれが全き仕方で到来する時を、忍耐しつつ待ち望むのである。

キリストのおられる終末

　終末は、世間ではしばしば人類滅亡あるいは地球滅亡と同一視されるが、しかし聖書の語る終末は必ずしもそれと同一ではない。何よりも、終末はキリストが来られる時であり、ただ無に帰すのではなく、キリストのおられる終末を聖書は描いている。そしてそのキリストは、私たちの知らないお方ではない。このお方は、私たちのために十字架で死んでくださったお方であり、

死から復活されたお方である。つまり、終末は、私たちのために命を捨てるほどに私たちを愛し、救ってくださるお方のおられる時であり、同時に、死の力を打ち破り、私たちをよみがえらせるお方の来られる時である。

　終末の完成は、キリストの再臨によってもたらされる。それは言い換えれば、私たちが終末をもたらし、世界を完成に至らせるのではないということでもある。新しい天と地は、ただ神によってもたらされる。つまり、どんなに素晴らしい世界を人間が築き上げたとしても、それがそのまま神の国になるわけではなく、神の国は人間がもたらすことのできる程度のものではないということでもある。

審き主として来られる主

　しかし、その主が審き主として来られる、と使徒信条は告白する。審きとは、義と罪とを分けることである。それも、「生ける者と死ねる者とを」審く審き主であるとは使徒言行録 10 章 42 節や第二テモテ書 4 章 1 節に出てくる表現であるが、その審きは既に死んでいる者にも及ぶというのである。ここには、私たちが決して逃れることのできない神の審きの厳粛な事実が告白されており、私たちは死の中にすら逃げ込むことができない。

　旧約聖書には「主の日」と呼ばれる日のことが記されている。周囲の国々からの圧迫を受ける中で、またその支配を受ける中で、神が正義を行い、すべてを審かれる日が来るとされた。それは、イスラエルの、また世界の苦難や叫びを、神が決してそのままにされないこと、そして、決着をつける日が必ず来ることを意味している。神は、この世界を決してこのままにはされない。

　しかし、その主の日について、マラキが「彼が来る日に誰が耐えられようか」（マラキ書 3:2）と語った通り、その日、主の審きに耐えられる者はいない。詩編が語り、パウロがそれを引用したように、「正しい者はいない。一人もいない」（ローマ 3:10）からである。「最初の天と最初の地は過ぎ去」る（黙示録 21:1）のであり、この世で審きに耐えられるものは何もない。

十字架と救いの意義

　しかし、だからこそ主の十字架がある。私たちには十字架による罪の赦し、そして神との和解が必要なのである。そしてそのキリストに結ばれ、主のものとされることが必要である。

　主の十字架による救いは、この審きを真剣に受け取る時にこそ、恵みとして私たちに迫ってくる。キリストの十字架の血が「贖いの座」（ローマ 3:25、ヒラステーリオンは宥めの供え物とも訳される）であることや、「多くの人の身代金」（マルコ 10:45）であることは、この審きの観点からしか理解できないし、私が終わりの日に審かれ滅ぼされるべき悪魔的な力の虜とされるほどに罪人であることに注目することなしに、そこから贖い出されることの意味はわからない。

　そして、審きが義と罪とを分けることであるとすれば、キリストの義による以外に、すなわちキリストの義を転嫁していただく以外に、私たちが義とされることはあり得ない。したがって、ただ信仰のみによって義認されたことの意義も、この審きへの注目なしには、十分に理解することはできない。

　プロテスタント教会はこの信仰義認──即ち、私たちの行いによる義ではなく、信仰によってキリストに結ばれ、キリストの義が転嫁されることによって義とされるとの信仰──を掲げてきた。もっとも、その信仰は、歴史の中でしばしば、それなら私たちはもうどのようであってもよいとの、いわゆる無律法主義に陥る者を生んだ。それでも教会は、そして多くの神学者は、救われた者がどのようであるべきかについても語ることで、それを防ごうとしつつ、なお信仰義認に留まり続けた。

　17世紀イングランドでウェストミンスター信仰告白が起草された頃、キリストの義を受動的な従順（私たちの罪の赦しのために十字架につけられること）による義と、能動的な従順（積極的に律法全体を守ること）による義とに分け、その後者は転嫁されないと主張する者があったことが知られている。彼らは、キリストの十字架の後にも、なお積極的に信仰者として生きずには真実に義とはされないとすることで、無律法主義に陥るのを防ごうとした。

　しかしウェストミンスター会議の義認の条項について検討する委員会では、

議論の末にそれを否定した。特に、国教会から離れて自発的に礼拝する群れ
を築こうとしたほどに信仰における自発性を重んじた会衆派も、その理解を
否定した。ウェストミンスター信仰告白を改訂した、会衆派によるサヴォイ
宣言には、「律法全体に対するキリストの能動的な従順と、彼らの全体にし
てただ一つの義のために死なれた受動的な従順が転嫁される」というように、
この両者の義の転嫁が明記されている。それは、私たちの神への従順はご
く小さな危ういものでしかなく、したがって、キリストの義によらなければ、
即ちキリストの義を転嫁していただく以外には、私が審きに耐え、真実に義
とされ救われる道は決してないことをよく知っていたからだと言えよう。

希望としての審き

　しかし、審きがあることは希望でもある。もちろん、死と悪とに脅かされ
ている者にとって、それに終わりがあることは希望であろう。とりわけ迫害
の中にあるキリスト者たちは、「聖なるまことの主よ、あなたはいつまで裁
きを行わず、地に住む者に私たちの血の復讐をなさらないのですか」（黙示
録6:10）との、天の祭壇の下に置かれた殉教者たちの叫びを、自らの叫びと
して受け取ったことであろう。

　だが、それだけではない。ヨハネの黙示録は、その審きを経て到来する
新しい天と地について、「もはや死もなく、悲しみも嘆きも痛みもない」
（21:4）と記している。そのような世界など想像がつかないほどに、悲しみも、
嘆きも、痛み（新共同訳では「労苦」）もこの世にはつきものであるが、それ
は私たちの罪と悪の故である。それなら、審きによって死も悪もすべて滅ぼ
されることによってこそ、死も、悲しみも嘆きも痛みもない世界があり得る。
つまり、審きがあるからこそ、このような本来あるべき世界に生きることが
私たちに約束されているのである。

　しかしそうであるならば、同時に、私たち自身の罪が消滅させられること
も必要となるであろう。このような新しい天と地とが約束されているからこ
そ、私自身の聖化も祈り求める必要がある。つまり、「私たちの主イエス・
キリストが来られるとき、非の打ちどころのない者としてくださいますよう

に」（Ⅰテサロニケ 5:23）と、私たちも祈るのである。

黙想のために

この世は、悪の力が猛威を振るっているように思われるかもしれない。私たちは、そういった力に翻弄され、「主よ、何故ですか」と問う。しかし、そのような時にこそ、私たちは、「かしこより来りて、生ける者と死ねる者とを審きたまはん」との信仰を思い起こすべきであろう。そういった、私たちを悩ませる力は、どんなに猛威を振るっているように思われても、決して永遠ではない。それらはそもそも、終わりの日に、神の審きの前にはひとたまりもない。その勝利の力を、私たちは既に見ている。人間の罪は、神がお送りくださったお方を、十字架へと追いやってしまい、悪の力が勝利したように思われた。しかし、悪の力は、このお方を死に追いやってもそれ以上のことはできず、よみがえらせる神の力の前には何もできなかったのである。

また、私たちも悪の力の虜とされているはずであった。私たちは、私たちを神から遠ざけようとする悪魔的な力の誘惑に負けて罪を犯すだけでなく、そもそも神の方を向こうともせず、自ら悪に身を委ねてしまう者ではないか。しかし、私たちは神の招きと聖霊の力によって、十字架の血による贖しの下、キリストの許へと導き出され、信仰と洗礼によってキリストに結ばれ、主のものとされた。主は私たち自身の罪の力にも打ち勝って、私たちをご自分のものとして、その悪魔的な力の下から勝ち取ってくださった。

私たちは既に、死や悪の力に勝利される神の力を目の当たりにしている。そして私たちが信仰によってつながっているのは、この勝利の主である。私たちはこの勝利の主の体というあまりにも確かなところに置かれているのである。

私たちは、私たちを結んでいてくださるお方が一体どのようなお方であるのか、その勝利の力をこそ見つめたい。

ユルゲン・モルトマンは、1964 年に『希望の神学』を著した。二度の世界大戦でヨーロッパ全体が疲弊し、希望を見出せなくなっている中で、終末をもたらす神の力への信頼による希望を説いた。その希望の内容には賛否両

論あるものの、すべてを造りかえて新しくする神の力、死を包み込む力は、確かに私たちの希望の根拠であり、私たちが期待すべきものである。その死を打ち破るほどの力は、終わりの日、すべての悪の力を滅ぼし、死をも滅ぼされる。そこに、「もはや死もなく、悲しみも嘆きも痛みもない」新しい天と地とが到来する。私たちはその日を、「主よ、来りませ」と祈りつつ待ち望み、そこへと歴史を切り拓かれる神の力に期待する者でありたい。

もちろん、主は何故すぐに来てくださらないのかと私たちは思うであろう。その日、その時は誰も知らない。天使たちも子も知らず、盗人のようにやってくるという（マルコ 13:32）。けれども、一人も滅びないようにと、私たちの悔い改めを忍耐して待っておられると第二ペトロ書は 3 章 9 節で語る。私たち自身、主が忍耐して待っていてくださったからこそ、今、主のものとされた私としてここにあることができている。それなら、第二ペトロ書が 3 章 12 節で語る、終わりの日が来るのを早めるとは、伝道することであろう。私たちは終わりの日を待ち望むからこそ、その到来に備えて、ますます伝道へと力を注ぎたい。

ところで、終わりの日まで残るものは何だろうか。「草は枯れ、花は散る」というように、私たち自身を含め、すべてのものは朽ちて行き、過ぎ去って行く。そして何よりも、終わりの日の審きに耐え得るものなどあるのだろうか。私たちの成し遂げたことも、例え素晴らしい業績があったとしても、それが終わりの日まで残ることはないであろう。私たちがこの世のものにしがみつき依り頼むなら、それはいつか崩れ去るものでしかないし、私自身が、審かれないはずのない者である。

しかし、終末はすべてが無に帰すことではなく、そこには主イエス・キリストがおられる。このお方は永遠におられ、その「主の言葉」も永遠に残る。

私たちは過ぎ去って行くだけのものでありながら、この永遠のお方に招かれているのではないだろうか。「わたしのもとに来なさい」との主の呼びかけは、あなたは失われてはいけない、あなたを失いたくないという主なる神の呼びかけなのではないか。

　私たちは、大河の一滴に過ぎないようであって、しかしただの一滴ではない。神に知られた一滴であり、あなたを失いたくないと呼びかけられた一滴である。まるで濁流のようにすべてを押し流して行く時間の中にあって、主は、私たちの罪という濁流のただ中にまで入って来てくださって、命を懸けて私たちに呼びかけ、私たちをご自身の方に向かせ、ご自身につないでくださった。そして、終わりの日によみがえらせるというほどに、死を越え世の終わりを越えてこのお方のものとし続けてくださるのである。

　私たちは、まさに永遠であるお方、ただお一人決して過ぎ去ることのないお方につながれた。私たちは、すべて過ぎ去るものでしかないこの世のただ中にあって、ただお一人確かであるお方がここにおられることにこそ心を向け、それを世に証ししたい。そして、そのお方が、罪深く、滅び去るしかないはずのこの私たちをご自分の許に招いてくださっている、その招きをこそ宣べ伝えたい。

参考文献

Donald A. Hagner, *Matthew 14-28* (Word Biblical Commentary Vol. 33B), Thomas Nelson, 1995.

近藤勝彦『救済史と終末論──組織神学の根本問題3』教文館、2016年

ユルゲン・モルトマン『希望の神学』高尾利数訳、新教出版社、1968年

聖 霊

宮嵜 薫

はじめに

使徒信条において、「我は聖霊を信ず」は、第一の「我は天地の造り主、全能の父なる神を信ず」、第二の「我はその独り子、我らの主、イエス・キリストを信ず」に続いて掲げられる。「我信ず」（クレド）の第三の内容である。

この聖霊について、使徒信条は、イエス・キリストに関する「主は聖霊によりて宿り、処女マリヤより生れ」のほかには言及していない。聖霊がいかなるものかという説明なしに、きわめてシンプルに「我は聖霊を信ず」と述べる。

しかし、教会はこの短い一文によって、熱心にかつきわめて排他的に「わたしは聖なる御霊を信じます」と告白するのである。聖なる御霊とは、諸霊や悪霊や人間的な霊などでない、唯一の主の御霊、すなわち父なる神と御子イエス・キリストの霊のことであり、この聖霊を神として信じて崇めます、という信仰を言い表すのである。

「聖霊なる神」を信じる

聖霊は、御父および御子と同一本質のものであり、したがって、御父および御子と共に唯一の真実なる神、創造者にして和解者、そしてまったき救援

者なる神である。もし、聖霊自身が真実な神でないなら、教会がこれを「信じる」と言うことは到底できないし、「我は聖霊を信ず」と告白することにいかなる意味もない。使徒信条は、たしかに、父・子・聖霊の三つにいましておひとりの神に対する信仰を告白している。

　しかしながら、聖書は三一の神について明確には語っていない。「三位一体論」が４、５世紀の教会の多くの論争と公会議の決定を経てようやく確立されたという歴史をもつのはそのためであろう。その中で聖霊に関しては、聖霊は子に従属するとした従属説や、聖霊の神性を否定した異端が退けられ、また、東西教会分裂の契機ともされる、いわゆる「フィリオクェ論争」を経て、聖霊は父と「子からもまた」発出されたと宣言されるに至った経緯がある。

　それらを反映したニカイア・コンスタンティノポリス信条は、聖霊についてこう宣べる。「我らは聖霊を信じる。聖霊は、生命を与えたもう主であって、父（と子）より発出され、父と子と共に礼拝され、あがめられ、預言者たちによって語られた」。

　このように、聖霊は、父および子から出で、父および子とともに礼拝せられ崇められる「主の御霊」であると定義される。聖霊の神性は否定されえない。

　ハイデルベルク信仰問答は、問53「聖霊については、何を信じますか」に、「第一には、聖霊は、御父とみ子と、同じに永遠の神である、ということとであります」（竹森満佐一訳）と答える。

聖霊はわかりにくい？

　しかしながら、実際には、聖霊を理解するのは容易ではない。未信者や求道者の方々から、「神は信じている、イエス・キリストも分かる。けれども、聖霊がどうも分からない」といった声をよく聞く。信仰者も聖霊に対し、人それぞれのイメージを持っているのではないだろうか。

　教会の信仰の歴史的基盤として受け入れられてきた三位一体論自体、複雑で難解な教義であるが、とりわけ聖霊に関してそうであろう。聖霊に関して

東西教会は一致していないし、プロテスタント教会内部においても主観的で自由な考え方が存在するようである。また聖霊は個人の信仰において理解するものと捉えられている側面がある。

　聖霊を客観的に捉えるのをむずかしく感じるのは、聖霊の教義はいまだ追究されるべき多くの点があるのだろうし、人間が把握しえない永遠の秘義の領域であるという側面、とりわけ自らを隠されるという聖霊御自身の性格に起因するだろう。「聖霊は絶えずわれわれの注意を自分から離れさせてイエス・キリストに向け、それによって一方では自らをキリストの中に隠し、他方では自らを、教会と個人の生活の中に働くおのがわざの中に隠す」（ベルコフ『聖霊の教理』13頁）のであるから。そのため、聖霊はほとんどの場合、三一神との関係で語られている。聖書は、父・子・聖霊が、神の三つの位格であって、同時にそれぞれ固有の働きをもつ、人格的な神であられるという三位一体の教理を含まない。しかしむしろ聖書は、三位一体的な仕方で理解されるのを要求する神を証ししている（マクグラス）。

「霊」とはなにか

　それでは、聖書は聖霊をどのように証ししているだろうか。旧新約聖書はじつに多様な仕方で聖霊を語っている。

　「霊」を示す聖書の言葉は、ヘブライ語のルーアハもギリシア語のプネゥマも空気の動きを指す。文脈によって「風」「嵐」などと訳されるが、多くの場合、呼吸によって起こる空気の動きを指すため「息」という意味になり、比喩的に「生命の原理」「生気」を表す。天地創造のはじめには「神の霊が水の面を動いていた」（創世記1:2）、「神の霊が私を造り　全能者の息が私に命を与える」（ヨブ記33:4）。神は優れてルーアハをお持ちで、生きて働かれる神である。創造主なる神の息吹こそ命の根源であり、人は神からルーアハを与えられ、これが取り去られるとき息絶える。生ける神が働かれるところ、空気はかき立てられルーアハが働く。

　新約聖書は旧約聖書の背景を受け継いでいる。ギリシア語で「霊」、「聖霊」を示すプネゥマも風や呼吸の動きを指し、生命の動的原理を表し、「生

気」や「生命力」といった意味をもつ。「風は思いのままに吹く。……霊から生まれた者も皆そのとおりである」（ヨハネ 3:8）。

「霊」の意味するところは、神は被造物に生命力を与えられる生ける神であられるということである。死んだ神、偶像の神々、思弁的な神ではない。人間の霊（ルーアハ＝プネゥマ）は、神からの賜物であって、人は全くそれによって生きている。「命を与えるのは霊である」（ヨハネ 6:63）。したがって、「霊とは、神が創造と再創造とにおいて、生命を与えるために吹き込む息である」（ベルコフ『聖霊の教理』19 頁）。

私たちの信じる聖霊なる神は、きっと私たちの想像をはるかに超えてダイナミックでエネルギッシュな御方である。

神はどのように聖霊を与えられたか

聖書は神の御計画にしたがって、聖霊がどのように与えられたかという道筋を示す。旧約の時代には、神の霊は限られた者たち、預言者や士師や一部の王に与えられた。それは神に選ばれたものの神に逆らう民を、再び造り直し再生させるためである。主なる神はイスラエルの家の枯れた骨に向かって言われた。「今、私はあなたがたの中に霊を吹き込む。するとあなたがたは生き返る」（エゼキエル書 37:5）。神は罪と背きのゆえに死んだ民にも、新しい生命を与えられるという終末的な奇跡のみわざを行われる。

この神のご計画は限られた者に止まらず、ヨエルを通して、ついに「その後　私は、すべての肉なる者にわが霊を注ぐ」（ヨエル書 3:1）との宣告に至る。その霊の注ぎの役割は、イザヤを通して預言された「主の僕」（イザヤ書 42:1）であり、油注がれた主の霊に満ちたメシアなる人物に託される。「主の霊がとどまる」（同 11:2）と預言された義なる王、御子イエスその方である。

こうして新約聖書において、キリストの復活と昇天ののち、約束された賜物である神の聖霊は彼を通してすべての人の上に注がれるようになる。復活されたイエスは弟子たちに現れ、「彼らに息を吹きかけて言われた。『聖霊を受けなさい』」（ヨハネ 20:22）と。そして聖霊降臨の日には、ついに「突然、

激しい風が吹いて来るような音が天から起こり、……一同は聖霊に満たされ」た（使徒 2:2-4）のである。

キリストと聖霊

御子イエス・キリストは聖霊を受け、担う方であると同時に、聖霊を約束し、派遣する方である。

イエスは聖霊によって生まれ、聖霊こそ彼の人格の本質だと考えるのが福音書の基調であるが、原始キリスト教の早い伝承は、イエスが聖霊に導かれ満たされた人であることを語っている。洗礼のとき「そしてすぐ、水から上がっているとき、天が裂けて、霊が鳩のようにご自分の中へ降って来るのを御覧になった」（マルコ 1:10）とあるごとく、イエスの宣教はこの聖霊降臨によって開始された。イエスこそ聖霊に満たされた人である。だから聖霊について知りたいなら、まずイエスの出来事をよく見ればよい。

「私が神の霊で悪霊を追い出しているのなら、神の国はあなたがたのところに来たのだ」（マタイ 12:28）ともイエスは言われた。聖霊の力こそ救済への道であり、地上における神の国の構築の導きである。イエスはその戦いを地上において開始された。

イエスはご自分が聖霊に満たされていただけではない。自分が去った後に聖霊が弟子たちに降ることを約束された。

約束の聖霊は、使徒言行録 1、2 章や、ヨハネによる福音書 14、15、16章のイエスの告別説教のなかで詳しく語られる。聖霊は、主イエスが去ったのちに「あなたがたのところに送る」（ヨハネ 16:7）と約束されていた。

この聖霊降臨の約束が実現したのは、ペンテコステの日、「皆が同じ場所に集まって」（使徒 2:1）いた時である。聖霊の賜物は、個人にではなく、同じ場所に会する一同に贈られ一人一人に充満した。そしてそれぞれ「霊が語らせるままに」（4 節）他国の言葉で「神の偉大な業を語った」（11 節）のである。この出来事を通して分かることは、聖霊はイエスの弟子たちの共同体に対して降ったことである。そしてまさにその事実によって、新しい契約の信仰共同体である教会が誕生したのであるが、それは教会それ自身のためで

あるだけでなく、教会がこの世にあって神の国のための奉仕をするという目的のためであった。聖霊の風が吹きつけて人々の古い頑迷さを取り払い、神の民を新しいイスラエルとして再生させた結果、教会は新たな信仰共同体としての使命をもって出発したのである。

信仰者に対する聖霊の働きと機能

ハイデルベルク信仰問答の問53「聖霊については、何を信じますか」の答えはこう続く。

「次に、聖霊もまた、わたしに与えられていること、まことの信仰によって、キリストとそのすべてのよき賜物にあずからせ、わたしを慰め、永遠までも、わたしとともにいて下さる、ということであります」。

「我は聖霊を信ず」とは、私たちに与えられた良き賜物である聖霊がキリストと私たちを結びつける絆であり、それが私たちを永遠に生かすことを信じるということである。このような道筋を経てようやく、聖霊は私たちと直接関わり、交わりを持たれる神であることを深く知ることができる。「聖霊はキリストが我々をご自身に結び付ける絆である」とカルヴァンは述べた。私たちは、聖霊に導かれ、教会に招かれ礼拝し聖書を学ぶとき、聖霊の助けによって、神のこと、主イエス・キリストのことがよく分かり、信じることができるようになる。

ヨハネによる福音書は聖霊を「パラクレートス（弁護者）」と呼んだ。パラクレートスとは、「側に立つ者」であり、私たちのそばにいてくださる、「助け主」にして「慰め主」であられる。主イエスは、人の姿で地上にとどまれなくなったが、代わりにこの新しい守護者を送り、私たちが見捨てられることなく、父と御子との交わりを保ち続けられるようにしてくださった。この真理の御霊であられる方が、人間の知恵が知ることのできない神の奥義を知らせ、とりわけ真理であるキリストを分からせてくださる。たえず共にいてくださり、私たちを諸霊や悪魔から保護し私たちを神の統治される正しい生へと導いてくださる。なんという恵み、なんというすばらしい贈り物であろうか！

　聖霊は私たちを神とキリストに結びつけ、またそのことによって、私たちを一つに結びあわせてくださる。聖霊によって「イエスは主である」と告白することができ（Ⅰコリント 12:3）、「一つの霊によって一つの体となるために洗礼を受け、皆一つの霊を飲ませてもらった」（同 13 節）キリスト者は、聖霊によって生きるという新たな命を授けられる。それこそが救いである。

　パウロは言う。「知らないのですか。あなたがたの体は、神からいただいた聖霊が宿ってくださる神殿であり、あなたがたはもはや自分自身のものではないのです」（Ⅰコリント 6:19）。

　さらに、ローマの信徒への手紙の 8 章において、パウロは、人間の救済に関わる聖霊の働きを重点的に論じた。

　「神の霊があなたがたの内に宿っているなら、あなたがたは肉の内にではなく、霊の内にあります。キリストの霊を持たない者は、キリストに属していません」（9 節）。

　ここでパウロは、キリストの霊としての聖霊が、私たちをキリストのものと、つまり神の子（14 節）としてくださると語る。肉においては罪の奴隷となって苦悩する人間を、命の霊が解放してくださり、神に敵対する肉の思いではなく、霊に従い霊のことを思う者に変えてくださるからである。「肉の思いは死であり、霊の思いは命と平和です」（6 節）。

　キリスト者は、この世にあってたえず罪の支配下にある肉との内なる戦いを強いられる者である。しかし、すでにこの世に勝利されたキリストの霊が与えられているのなら、キリスト者はもはや罪から解放され自由の命を得ている。「イエスを死者の中から復活させた方の霊が、あなたがたの内に宿っているなら、キリストを死者の中から復活させた方は、あなたがたの内に宿っているその霊によって、あなたがたの死ぬべき体をも生かしてくださるでしょう」（11 節）。

人々は聖霊を飢え求める

　聖霊は私たちと関わりをもち、私たちの内に住み、私たちの間におられて、私たちの生に直接影響を及ぼす。私たちはそのような聖霊なる神にもっと信

頼し、つねに聖霊の助けと導きを祈りつつ求めたい。

　キリスト者の霊性は、自己中心ではなく神中心、キリスト中心のものでなければならない。そのため霊を見極める力をとくに与えられたい。聖書の神の霊を知る真のキリスト者なら、聖霊の働きが突発的なこと、奇跡的な出来事だけではなく、日常的なことや思い通りにいかない現状の中にもあることを認め、忍耐しつつ感謝することができる。

　聖霊についてはいくら語っても十分ということはない。聖霊が突入してくるときはつねに新しさがもたらされるという感覚がともなう。古い考え方や生活様式は放棄され、新しいものが取って代わる。困難な現実に苦悩する人々や、病や死の恐れにおびえる人々に、新しい始まりを与え、生気を授ける。聖書がただ平面に書かれた文字ではなく、そこから飛び出してきて私たちに新しい人間の命をもたらすのは、聖霊のみわざである。神からの知恵や希望をもたらす導きを授けてくれる。聖霊が来るときに、古い頑なさは吹き消され、新しい日が到来し将来への希望とそこに向かう勇気と力が与えられる。

　「この希望が失望に終わることはありません。私たちに与えられた聖霊によって、神の愛が私たちの心に注がれているからです」（ローマ 5:5）。聖霊よ、来りませ。

聖霊の導きの中で

　教会は聖霊によって始まり存続し希望を与えられている。そのことの中に神の約束の成就と、神の救いの到来の確信が証しされている。教会での礼拝説教は、聖霊の導きによらなければ準備ができないし、聖霊の助けがなければ何も語れない。そういう経験を説教者はしないはずがない。牧師は教会の大小さまざまな事柄に忙殺されるし、つねに自分の語る説教の未熟さに苛まれながら、説教を準備する。苦闘の末毎回なんとかやり終えることができたとき、そこに聖霊の助けがあったことを感得する。なにより説教準備の過程において、つねに聖霊が寄り添って励ましてくださっていることを思う。

　説教を聞く側も同じである。神の御言葉に触れて、何か新しい風が内側に

吹き込むような感覚を得るなら、それはまさに聖霊のなせるわざである。聖霊は不思議な熱風を人に吹きかけて、悪しき霊を追い出し、信仰を与え、神を知らしめ、キリストに導き、喜びの賛美や心からの悔い改めをもたらす。聖霊は、全ての人に降り注がれ、個人と共同体の上に生きて働く。伝道を推進させる力となる。聖霊はつねに私たちとの交わりを求めておられる。全ての人は聖霊との交わりをいつでもどこでも何度でも経験できるし、そう願われている。

　聖霊は人を真に生かす活力である。イエスは「あなたがたの上に聖霊が降ると、あなたがたは力を受ける」（使徒 1:8）と言われた。神が共にいてくださるがゆえに賜るこの力を、私たちは感じ取り、経験することができるのである。

主な参考文献

村田四郎『キリスト・聖霊・教会——パウロとヨハネにおける』キリスト新聞社、1971 年

A. E. マクグラス『キリスト教神学入門』神代真砂実訳、教文館、2002 年

シャーリー・C. ガスリー『一冊でわかる教理』桑原昭訳、一麦出版社、2003 年

ヘンドリクス・ベルコフ『聖霊の教理』村松克己・藤本治祥訳、日本キリスト教団出版局、1967 年

聖なる公同の教会

本城仰太

使徒信条の第三項

使徒信条は一般的に三つの部分に分けられるという理解がある。言うまでもなく、父なる神・子なる神・聖霊なる神の部分である。そうなると、「聖なる公同の教会」とそれ以下の文言は、聖霊なる神の部分ということになる。確かにそういう理解も成り立つ。しかし本当にその理解だけでよいのだろうか？

使徒信条の第三項の日本語訳は、「我は聖霊を信ず、聖なる公同の教会、聖徒の交はり、罪の赦し、身体のよみがへり、永遠の生命を信ず。」である。「我は聖霊を信ず、」というように読点が打たれているが「信ず」という言葉がここにある。そして最後のところで「……永遠の生命を信ず。」というように句点が打たれ、改めて「信ず」と告白するようになっている。

使徒信条のラテン語としては credo in spiritum sanctum, sanctam ecclesiam catholicam, sanctorum communionem, remissionem peccatorum, carnis resurrectionem, et vitam aeternam. である。細かい点は触れないが、最初の credo in が英語の I believe in（我は信ず）で、信じる内容が credo in 以下に続く。spiritum sanctum（聖霊を）, sanctam ecclesiam catholicam（聖なる公同の教会を）, sanctorum communionem（聖徒の交わりを）, remissionem peccatorum（罪の赦しを）, carnis resurrectionem（身体のよみがえりを）, vitam aeternam（永遠の生命を）（et は英語の and）。つまり、信じる項目が、順序による優劣はあるのかもしれないが、すべて同列で並べられている。

　日本語訳は直訳をしていない。「我は聖霊を信ず、」でいったん切っている。そして以降の項目を同列で並べ、改めて「……を信ず」と言い直している。このことは何を意味しているか？　聖霊を信ずは、三位一体の神として、父なる神、子なる神、聖霊なる神を同列に告白し、そこでいったん区切った上で、教会以下の項目を別レベルとして「……を信ず」と言っているのである。これも大事な理解の仕方であろう。

　ということは、父・子・聖霊とは違うレベルではあるものの、教会も信じる対象であるということである。とかく曖昧にされがちなのは教会であり、（聖なる公同の）教会に連なった上での具体的な生活（聖徒の交はり、罪の赦し、身体のよみがへり、永遠の生命）である。「神さまとつながっていれば教会に行かなくてもよい」、「イエスさまを信じていれば教会生活は不要」、「聖霊に導かれていれば聖徒の交わりは必要ない」ではないのである。そうではなくて、私たちの教会生活が「我は聖霊を信ず」以下に整えられている。私たちの黙想もこの教会生活の確かさを味わうことを目指したい。ここに告白されていることこそ、聖書が示している信仰生活であり、教会生活なのだから。

「聖なる」教会

　使徒信条は真の教会であるための二つのしるしに言及している。「聖なる」と「公同の」の二つである。「使徒信条はこの点においてむしろ控え目である。真の教会の二つの定義即ち『聖なる』と『公同の』がここであげられている」（ロッホマン『講解・使徒信条』283頁）。このような指摘は、「唯一の」「聖なる」「公同の」「使徒的」教会と告白しているニカイア・コンスタンティノポリス信条などと比べてのことだろう。しかし使徒信条が決して教会を軽視しているわけではなく、「聖なる」と「公同の」の二つの言葉に大事な意味を集約していると言えよう。

　信条の歴史的には、第三項が「我は聖霊を信ず」のみであるか、あるいは第三項がまったくない形が初期のものであり、だんだんと第三項が膨らむ形

となっていったが、「公同の」よりも「聖なる」の方が先んじていた。「公同の」がなく、「聖なる」教会のみを告白している信条も多い。まずは「聖なる」から考えていきたい。

「聖なる」というのはどういう意味だろうか？　教会（エクレーシア）が「召された者たちの集い」という意味であるように、神によって召されたという入り口から始めなければならない。聖というのは、区別や分離を意味する。「原意はおそらく〈分離〉であろう」（『キリスト教大事典』605頁）。

旧約聖書の出エジプト記において、まずは神が「聖なるもの」であることがこのように語られている。「主よ、神々のうちで　誰かあなたのような方がいるでしょうか。誰が、あなたのように聖であって栄光に輝き　賛美されつつ畏れられ　奇しき業を行うでしょうか」（15:11）。神は他の存在とは異なり、特別に区別された者であり、このようなお方は他にはないことを讃美しているのである。

しかし「聖なる」というのは、神にだけ用いられている言葉ではない。イスラエルの民に対してもそうであった。申命記においてこのように語られている。「あなたは、あなたの神、主の聖なる民である。あなたの神、主は、地上にいるすべての民の中からあなたを選び、ご自分の宝の民とされた」（7:6）。聖なる神によって選ばれたからこそ聖なる民になる。教会もまた神の召しと選びによって集められるからこそ、聖なる教会となるのである。

このことは、新約においては特にパウロの手紙の冒頭によく表されている。例えば第一コリント書において、パウロは冒頭の挨拶でこのように言う。「神の御心によってキリスト・イエスの使徒として召されたパウロと、兄弟ソステネから、コリントにある神の教会と、キリスト・イエスにあって聖なる者とされた人々、召された聖なる者たち、ならびに至るところで私たちの主イエス・キリストの名を呼び求めるすべての人々へ」（1:1-2）。コリント教会は種々の問題を抱えていて、人間的な聖さという点からはとても「聖」とは言えない状況であったが、それでもパウロは「聖」という言葉をコリント教会の人たちに使うのである。あなたがたは神に召され、選ばれた者たちである、ということを思い起こさせる意味もあったであろう。パウロとして

は様々な問題を抱えたコリント教会に手紙を書くにあたって、あなたがたが
聖なる者であり、教会が聖であることから手紙を始めていくのである。

　教会そのものが聖であるとの直接的な言及は、何よりもエフェソ書に書
かれた家庭訓であろう。夫と妻の関係において、このように語られている。
「夫たちよ、キリストが教会を愛し、教会のためにご自分をお与えになった
ように、妻を愛しなさい。キリストがそうなさったのは、言葉と共に水で洗
うことによって、教会を清めて聖なるものとし、染みやしわやそのたぐいの
ものは何一つない、聖なる、傷のない、栄光に輝く教会を、ご自分の前に立
たせるためでした」(5:25-27)。夫と妻との関係が、キリストと教会との関
係になぞらえて語られている。キリストが教会を愛し、「聖なるもの」とし
てくださったのである。

　この「聖」は決して損なわれない。アウグスティヌスが闘った論争に「ド
ナティスト論争」が知られている。詳細は省略するが、教会論をめぐる闘
いであった。アウグスティヌスの主張としては、徹頭徹尾、サクラメント
が「聖」であり、教会もまた「聖」であるということである。たとえ毒麦
(アウグスティヌスはしばしば「毒麦の譬え」を用いる)が教会内に存在し、人
間の罪や過ちや汚れがあったとしても、教会そのものは汚されることなく、
「聖なるもの」なのである(アウグスティヌス『洗礼論』を参照)。

　エフェソ書の語る夫と妻の関係も、第一コリント書の語る信仰生活も、私
たちと無関係ではなく、罪やほころびが多く見られる私たちの現実である。
しかしそれにもかかわらず、聖書は「聖」を語る。私たちは使徒信条を告白
するたびに、いつもここからやり直すことができる。教会が「聖」であり、
その教会に自分も召されて「聖なる者」とされていることから再び始めるこ
とができるのである。

「公同の」教会

　続けて「公同の」教会に進んでいく。「公同の (catholicam)」という言葉
について、聖書協会共同訳でも「公同」という言葉はないし、ラテン語聖書
ウルガタでも catholicam という言葉は使われていない。それにもかかわらず、

使徒信条では「公同」と言っている。どのような聖書箇所が根拠となるのだろうか？

　後にも挙げるジュネーブ教会信仰問答、問 97 の証拠聖句の一つはエフェソ書 4 章 15 節である。16 節も含めると「愛をもって真理を語り、頭であるキリストへとあらゆる点で成長していくのです。キリストによって、体全体は、支えとなるすべての節々でつなぎ合わされ、一つに結び合わされて、それぞれの部分は分に応じて働いて、体を成長させ、愛の内に造り上げられてゆくのです」とある。この箇所は「平和の絆で結ばれて霊による一致を保つよう熱心に努めなさい。体は一つ、霊は一つです。それは、あなたがたが、一つの希望にあずかるようにと招かれたのと同じです。主は一人、信仰は一つ、洗礼は一つです。すべてのものの父なる神は唯一であって、すべてのものの上にあり、すべてのものを貫き、すべてのものの内におられます」（4:3-6）と語られてきた内容を締めくくる箇所でもある。様々なことにおいて「一つ」と言われているが、これらが成り立っているところに「公同」の教会が存在する。

　他にも根拠となる聖書箇所を挙げることができようが、聖書が書かれた時代において、巡回伝道者の存在も忘れるわけにはいかない。使徒パウロがその最たる例であるが、なぜ各地を巡回したのか？　多くの場所に教会を建てるためか？　それもあるだろう。しかしそれだけではない。教会の一致を何よりも求めてのことであった。パウロ書簡には、公同の信仰からの逸脱に対する懸念を読み取ることができる。あなたがたのところに今すぐにでも行きたいとパウロはしばしば書いている。信仰による教会の一致のためである。公同性の確保のためである。最初期の時代、教会の公同性はパウロのような巡回伝道者たちによって保たれていた。それほどに公同性は大事にされてきたのである。

　やがてこのような巡回伝道者は（全くゼロになったわけではないが）次第に姿を消していく。代わりに公同性の役割を担ったのが信条である。信条が作られ、告白され、こっちの教会でもあっちの教会でも同じことが信じられ、公同性が保たれるようになったのである。教会の改革期にも様々な信条が作

られるようになった。自分たちは何を信じているか、その旗印が同じ教派の
教会の公同性を保ったのである。公同性はまさに信条の要であると言える。

「公同（カトリック）」の辞書的な説明として「『一般的』ないし『普遍的』
を意味するこの語は、キリスト教の用語として以下のようなさまざまな意
味を持つようになった」（『オックスフォード　キリスト教辞典』185 頁）とあ
る。歴史が進んでいくにつれて、「普遍的教会」や「正統的教会」の意味な
ど、幅広い意味を持つようになった。聖書には使われなかった「公同」とい
う言葉が、使徒教父や教父たちによって様々な意味が込められ、用いられる
ようになった。

それでは「公同の」はいつ頃から信条に現れ始めたのか？　「聖なる」よ
りも遅いということは、先ほども指摘した。4 世紀頃からこの語を挿入する
信条が現れ、その後、特にガリアで広まって発展していったとされる。使
徒信条の前身とも言われる 4 世紀の「古ローマ信条」では、「聖霊」の後に
「聖なる教会」「罪の赦し」「体の甦り」が連ねられている。ここには「公同
の」はまだなかった。その後、様々な信条に「公同の」が入れられるように
なったが、異端との闘いなど、公同性が脅かされる状況があったことが窺え
る。「公同の」という言葉を入れる必要性は、いつの時代でもあったのであ
る。

使徒信条の「公同」の意味については、カルヴァンが『ジュネーブ教会信
仰問答』（外山八郎訳）の中で、端的に説明をしてくれている。

問 97　　この公同、あるいは、普遍という言葉はどんな意味ですか。
答　　　　信徒たちのかしらはただひとりであるのと同様に、すべての者が
　　　　　一つの身体に結び合わされるべきであることを、表わすためであ
　　　　　ります。従って、幾つもの教会があるのではなくて、ただ一つで
　　　　　あり、それが全世界に広がっているのであります。

カルヴァンの時代は「見える教会」としては、このような状況にはほど遠
かった。しかし「見えない教会」としてはこの通りなのである。クランフィ

ールドもカルヴァンと同様にこのように言う。「教会は公同的である。この言葉は、『普遍的』あるいは『一般的』を意味する。……キリストと結ばれることによって、教会は公同的となる。なぜなら、教会の主は万物の主であり救い主であり……」(『使徒信条講解』114頁)。クランフィールドの以下の考察は興味深い。「公同性は、時と場所の両方の問題」(115頁)と言った上で、その一例として、教会の中の若者と老年の人々の問題を挙げる(116頁)。同じ教会内でも、世代による対立が起こることがあるかもしれない。あるいは、若者だけの教会や老年の人々しか集まらない教会もあるかもしれない。しかしある世代だけを重んじるということは「教会の公同性を放棄することになる」(同)とさえ言う。老いも若きもあらゆる違いを超え、代々にわたって受け継いできた同じ信仰に生きるのが公同性だからである。

　教会には2000年にわたって受け継がれてきた信仰がある。現代の受洗志願者も、変わらぬ信仰を受け継ぎ、受洗するのである。受洗のための導き手もまた、「あなたは2000年にわたって受け継がれた信仰を告白して洗礼を受ける、他の人たちと同じ信仰を告白して洗礼を受ける、だから同じ信仰の担い手として皆が兄弟姉妹になれる」と言えるのである。志願者も自分の信仰の広がりの大きさ・深さを実感できるだろう。自分の信仰は自分たちの信仰であって、自分だけの信仰ではないのである。

　公同性の広がりとして、さらに以下のような意味を付け加えることもできるだろう。「あらゆる相手に対して心を開いて、ともに生きようとする公的な奉仕に徹する集まり」(『使徒信条を詠む』198頁)という意味にも広げられる。つまり時代、場所、世代を超えて、同じ信仰に生きる者たちが共同体内部だけでなく、外部に対しても責任を担い、普遍性を広げる使命を担っているのである。

黙想のために ── 聖霊に導かれた教会生活

　今回の使徒信条の文言である「聖なる公同の教会」は、「我は聖霊を信ず」の後に続くものである。初期の信条の形では、「我は聖霊を信ず」のみで留めていた。しかしそれに付加がなされていった。「聖なる公同の教会」

はその一連の付加の先頭の文言である。このような文言を連ねるのは、それ
なりの必然性があったからである。

　私たちはどうその必然性をとらえればよいのか？　私たちはしばしば、
「教会生活」「信仰生活」「礼拝生活」という言葉を使う。その言葉が表して
いる通り、私たちはまさに「生活」をなしている。それはどのような生活な
のだろうか？　使徒信条は、私たちの信じているものを端的に言い表した信
条であるが、同じように使徒信条の第三項の一連の文言が、この「生活」を
端的に言い表していると言える。竹森はこのように言う。「教会、罪の赦し、
身体のよみがえり、永遠の生命は、聖霊の神を信じた者に与えられる実際の
生活だからであります。聖霊を信じることによって、信仰生活は、一そう具
体的なものになるのであります。人間の実際生活の中に、神のみ業が、具体
的に行われると、こうなるのであります」（『正しい信仰』93 頁）。父なる神
に造られ、子なる神に救われ、聖霊なる神に導かれた「生活」はまさに「こ
うなる」のである。

　教会はこの「生活」のまさに入り口である。キプリアヌスの代表的な言葉
に、以下の二つがある。「教会の外に救いなし」（『書簡集』72:21）、「教会を
母としてもたない者は、神を父としてもつことができない」（『カトリック教
会の一致について』6）。キプリアヌスは、洗礼の有効性をめぐって、また棄
教者の教会復帰をめぐって、まさに「入り口」に関する厳しい闘いを強いら
れたカルタゴの司教である。救いに通じる入り口だけに、キプリアヌスは安
易な妥協はできなかった。その入り口から通じる宝をよく知っていたからで
ある。私たちも、豊かな命の生活へと続く教会の入り口を重んじたい。

　黙想において、教会の現実の問題を思い巡らすこともできよう。そしてそ
の解決方法は明確である。たとえ私たちの罪の現実がいかに深くても、教会
が「聖なる」教会であり、「公同の」教会なのである。そのことを思い起こ
し、その道筋で解決を図る。パウロがコリント教会に対して行った解決の道
筋もそれであり、私たちもパウロに倣い、代々の教会がたどってきた道をた
どることができる。「聖なる公同の教会」なしには、私たちが集っている教
会も成り立つことはないのだから。

参考文献

阿部仲麻呂『使徒信条を詠む──キリスト教信仰の意味と展望』教友社、2014年

C. E. B. クランフィールド『使徒信条講解』関川泰寛訳、新教出版社、1995 年

竹森満佐一『正しい信仰──使徒信条によって』（東神大パンフレット 9）、東京神学大学出版委員会、1981 年

ヤン・ミリチ・ロッホマン『講解・使徒信条』古屋安雄・小林真知子訳、ヨルダン社、1996 年

E. A. リヴィングストン編『オックスフォード　キリスト教辞典』木寺廉太訳、教文館、2017 年

聖徒の交はり

朝岡　勝

聖霊を信ず、教会を信ず

　使徒信条は「聖霊を信ず」に続いて、すぐさま「聖なる公同の教会、聖徒の交はり（を信ず）」と告白する。聖霊、ひいては父・子・聖霊の三位一体の神を信じることの具体的な現れは、教会を信じることだというのが、古代以来の信仰のリアリティーだったと言ってもよい。そしてそのリアリティーの中心にあるのは「聖さ」であった。クランフィールドは言う。「使徒信条のこの箇所で用いられているように、『聖』という言葉は、教会について多くのことを語る。どの場合でも、『聖』という言葉は直説法と命令法の両方の用法を有するものと考えてよいだろう。つまり、教会とはどのようであるかということと、教会がどのようであらねばならないかということの、両方を語っているのである」（『使徒信条講解』112 頁）。

　「聖なる公同の教会」の可見的な形態としての地上の教会を「聖徒の交はり」と信じ告白する信仰を、聖書からどのように聴き取ることができるのだろうか。とりわけ新型コロナウイルス感染症という災禍の只中にある私たちにとって、教会はどのような存在であり、またどのようであらねばならないか。私たちが聴くべき御言葉の選定は重要である。ここではヨハネ黙示録 1 章に記される、パトモスのヨハネに耳を傾けてみたい。

共にあずかっているヨハネ

「私は、あなたがたの兄弟であり、共にイエスの苦難と御国と忍耐とにあずかっているヨハネである。私は、神の言葉とイエスの証しのゆえに、パトモスと呼ばれる島にいた」（黙示録 1:9）。エーゲ海に浮かぶ周囲 30 キロほどの小島パトモス。エフェソやミレトスなどの港町から沖に 100 キロほどのところに位置し、気候も穏やかで風光明媚なこの島は、そんな穏やかさとは裏腹に当時のローマ帝国においては政治犯たちが幽閉される流刑地であった。伝承によれば、ヨハネも時の皇帝ドミティアヌスによってこの島に流されていた。

こうして今、パトモス島で囚われの身のヨハネは、「アジア州にある七つの教会」（同 1:4）との交わりから遠く隔離されたところにありながら、「私は、あなたがたの兄弟であり」、「共に……あずかっている（シュンコイノーノス）」と語って、むしろその近さを感じている。

「共にあずかる」とは、聖徒の交わりをあらわす大切な言葉であり、その中心にあるのは主イエス・キリスト御自身である。「私たちの交わりとは、御父と御子イエス・キリストとの交わりです」（Ⅰ ヨハネ 1:3）とあるように、ヨハネと教会とは共に主イエス・キリストにあずかるゆえに一つに結ばれた、深い交わりの中にいる。

イエスの苦難と御国と忍耐とに

ヨハネはこの交わりを「共にイエスの苦難と御国と忍耐とにあずかっている」と言う。ここで「苦難、御国、忍耐」と、三つの言葉がこの順序で並べられている意味を考えたい。

「苦難」を信仰者が置かれている現在の状態、「御国」を信仰者がやがて受け継ぐべき終わりの時の状態、そして「忍耐」をそこに至るまでの状態と、時の経過に沿って理解することもできる。しかし、よりふさわしいのは今すでに神の国の民とされている現実から考えるという理解であろう。佐竹明は次のように注解する。「信徒が『王国』とされているという事実、換言すれば、旧約以来イスラエルに与えられて来た約束が今や彼らにおいて実現した

という事実は、地上にあっては『患難』と『忍耐』との只中においてしか確認しえない事柄なのであり、あるいは逆に言えば、信徒が患難の中におかれ、忍耐を余儀なくされているという事実こそが彼らが『王国』とされていることのしるしなのであって、そのことがわれわれの箇所では、『患難』と『忍耐』との間に『王国』を置くという形で表現されていると見ることができる」（佐竹明『ヨハネの黙示録　上巻』107頁）。さらにここで「忍耐（ヒュポモネー）」と同根の動詞「ヒュポメノー」は、七十人訳の用例では「神を待ち望む」という意味で使われることが多いという（同103頁）。こうしたことから、ここでの忍耐は「苦難から希望へ」（ローマ5:1–5）という信仰者の生き方を連想させ、ひいては苦難から栄光へと進まれた贖い主イエス・キリストの歩みを想起させるであろう。

神の言葉とイエスの証しのゆえに

ヨハネが教会の人々と遠く隔たったパトモスにありながら彼らとの近さを感じている一番の理由は、「共にイエスの苦難と御国と忍耐とにあずかっている」という事実にあった。これがヨハネにとって決して抽象的なことでなく、生々しい現実であったことは、彼が黙示録を書き記している境遇を考えればすぐにわかることであろう。「私は、神の言葉とイエスの証しのゆえに、パトモスと呼ばれる島にいた」。

すでに2節でも「ヨハネは、神の言葉とイエス・キリストの証し、すなわち、自分が見たすべてを証しした」と言われるように、彼がパトモスにいるのは福音の証言のためであり、彼は福音のゆえの囚われ人なのである。ここには福音の事実と証言との、また信仰と告白との分かちがたい結びつきがある。福音の事実は証言されなければならない。信じたことは告白されなければならない。

それが己が身に迫害をもたらすことになったとしても、「私たちは、見たことや聞いたことを話さないではいられない」（使徒4:20）、「私は信じた。それゆえに語った」（Ⅱコリント4:13）。ここに使徒信条に結晶化していく告白的な信仰の経験があらわれている。

　しかもこの経験はヨハネひとりのものではない。アジア州の諸教会に生きる信仰者たちにとっても迫害は身近なことであり、誰もが神の言葉とイエスのあかしのゆえに囚われの身となる危険は絶えずある。むしろ迫害を恐れずに主に従うよう励ますためにこの手紙は書かれているのであって、迫害の最中にあって礼拝に集い、主に従い続けている兄弟姉妹たちに対して、ヨハネは自分ひとり安全なところに身を置いてこの手紙を書いているのではない。ヨハネもまた、自らが囚われの身にあるパトモスからこの言葉を書き送っているという事実を、しっかりと覚えておきたいと思う。

主の日、霊に満たされ

　「主の日、私は霊に満たされ、後ろの方でラッパのような大きな声を聞いた。その声は言った。『あなたが見ていることを巻物に記し、エフェソ、スミルナ、ペルガモン、ティアティラ、サルディス、フィラデルフィア、ラオディキアの七つの教会に送れ』」（10–11節）。

　ヨハネが霊に満たされ、主の御声を聞いたのは「主の日」であった。この事実は、ヨハネ黙示録を読むにあたって決定的である。本書は「礼拝の書」として読まれることが期待されているのである。「この預言の言葉を朗読する者と、これを聞いて中に記されたことを守る者たちは、幸いだ。時が迫っているからである」（3節）とあるように、ここには主の日の礼拝の姿が映し出されている。御言葉が朗読され、説教者によって説き明かされ、それがしっかりと聴かれ、心に刻みつけられる。そのような礼拝において黙示録は読まれた。

　ボーリングは言う、「この手紙は、個人に向けられて黙読するような手紙ではなく、アジアの教会の礼拝儀式の中で、声を大にして読むために書かれたのである（1:3）。我々は、最初の読者が、沈黙して、個々に黙想あるいは当惑し、文書の各ページを読みふける姿を想像すべきではない。彼らは、賛美と祈りの共同体において集まり、礼拝指導者による手紙の読み明かしを聴いていたのである」（『ヨハネの黙示録』31頁）。

　筆者がかつてヨハネ黙示録の連続講解説教に取り組んだ際、ひとりの方が

来られて「難しい話や怖い話をしないでくださいね」と懇願されたことがある。確かにヨハネ黙示録は難解な書物であり、黙示文学独特の様々なイメージが極彩色で描き出される終末の光景は読み手に恐れや怖さの感情を引き起こす。しかし当時の信仰者たちが文字通りいのちをかけて集う主の日の礼拝においてこの御言葉を聴いた事実を心に刻みながら、私たちもこの御言葉を礼拝において聴く時、本書に込められた信仰の心が迫ってくるのではないだろうか。「礼拝」という共通の経験が、私たちとアジア州の七つの教会を結びつける。そして「聖徒の交はりを信ず」との告白は、主の日の礼拝から考え始められなければならず、礼拝の場に身を置き続ける中でこそ告白されるものであろう。

礼拝を受けるべきキリスト

ヨハネと教会の人々が共にあずかるキリストは、礼拝を受けるべきキリストである。「聖徒の交はり」の中心にはキリストがおられる。キリストを中心とし、キリストにあずかるところに礼拝は成り立ち、教会は建てられる。このキリストは父・子・聖霊の三位一体の第二位格の神であり、三位一体の交わりが聖徒の交わりの範型でもある。

ヨハネもまた困難な時代を生きる教会に、三位一体の神からの恵みと平和を祈っている。「今おられ、かつておられ、やがて来られる方から、玉座の前におられる七つの霊から、また、真実な証人にして死者の中から最初に生まれた方、地上の王たちの支配者、イエス・キリストから、恵みと平和があなたがたにあるように」(4-5節)。キリストは「私たちを愛し、その血によって罪から解放してくださった方」(5節)、「私たちを御国の民とし、またご自分の父である神に仕える祭司としてくださった方」(6節)である。「真実な証人」として十字架に死に、「死者の中から最初に生まれた方」としてよみがえられた主イエス・キリストは、その血によって私たちを罪から解き放って自由な者とし、神の王国の民とし、神に仕える祭司としてくださった。

教会はこの主イエス・キリストのいのちにあずかって生かされ、建て上げられていく。確かに地上の教会は小さく、弱く、脆い。ローマの圧倒的な力

を前に力なき者たちと見える小さな群れは、時の巨大な権力によってなぎ倒され、押し潰され、散らされていくように見える。しかし現実の教会は父、子、聖霊なる三位一体の神によって建てられ、主イエス・キリストの復活のいのちに生かされ、聖霊による慰めと励ましを受けて、恵みと平和のうちを進んで行くことができる。

苦難と栄光の主、小羊キリスト

　ヨハネ黙示録が描き出す主イエス・キリストの最も大切なモティーフは「小羊」にある（5:6 以下 ; 6:1 以下 ; 7:10; 15:3; 21:22 他参照）。古代のモザイクや中世のヤン・ファン・エイクが描いたヘントの祭壇画のように、中世の宗教画には十字架の上に犠牲として屠られた神の小羊（アニュス・デイ）を中心にして、すべての民が礼拝をささげる構図が数多く見られる。天上の礼拝には、小羊なるイエス・キリストへの賛美が満ちあふれている。

　しかもその小羊は「屠られた小羊」である。私たちの罪のために苦難を忍び、十字架の死にまで従われ、いのちを捨てられた主イエス・キリストが、今や栄光のうちに挙げられて、世界の民から礼拝を受けるものとして立っておられる。この苦難と栄光の主、小羊イエス・キリストこそが、栄光と力をとこしえに受けるにふさわしい。「屠られた小羊こそ、力、富、知恵、権威　誉れ、栄光、そして賛美を　受けるにふさわしい方です」（5:12）。

　苦難から栄光へと進まれた小羊イエスの辿られた道筋を礼拝において深く心に留め、思い巡らすとき、私たちもまた自らの置かれている苦難の中でこそ屠られた小羊イエスと出会い、その苦難が他ならぬ私たちのためであったことを受け取り、心からこの方への感謝と賛美に導かれていく。また屠られた小羊イエスが辿られた苦難から栄光への道筋が私たちの前にも開かれ、私たちも苦難の中にあってなお希望を抱いて歩むことがゆるされる。そればかりでなく、屠られた小羊イエス・キリストが栄光の主であり、すでに世に勝利した主であるゆえに、「あなたがたには世で苦難がある。しかし、勇気を出しなさい。私はすでに世に勝っている」（ヨハネ 16:33）との言葉に励まされ、私たちは心を高く挙げ、主を礼拝することができるのである。

「聖徒の交はりを信ず」のリアリティ

ヨハネ黙示録が教会の中で読まれ続け、聞かれ続けてきたということは、信仰者たちが幾多の困難や迫害の中にあっても礼拝をやめなかった、そのような中にあったからこそむしろ礼拝をささげ続けたことの証しであるという事実を確認したい。苦難の中で礼拝が彼らを支え、生かし、礼拝から勇気を得て、主にある勝利の希望に歩み始めることができたのだろう。「聖徒の交はりを信ず」との信仰のリアリティを確認するのにもっともふさわしいのが主の日の礼拝である。

ヨハネと七つの教会の兄弟姉妹たちがそうであったのと同じように、私たちもまた様々な困難の中にあるが、それでも互いに兄弟姉妹として「共にイエスの苦難と御国と忍耐にあずかっている」。やがて御国が完成する日まで私たちはこの聖徒の交わりに生きていく。この交わりの希望と、そこに込められた約束の確かさを私たちが経験することのできる場、それが主の日の礼拝であることを覚えたい。

黙想のために

新型コロナウイルス感染症の影響が広がる中、多くの教会が主の日に共に集うことを控えて、インターネット配信などの手段を用いての礼拝を行った。このような礼拝についての神学的考察はやがてなされてしかるべきであろうが、一つの現実として、日本の教会は礼拝の危機を経験したと言ってよい。そのような中で「聖徒の交はりを信ず」とはどのような意味を持つのか。

当時、筆者の奉仕していた教会でも、ある期間、礼拝堂に集まっての礼拝から、各家庭での礼拝に切り替えた。苦渋の決断であった。インターネット配信を用いての朝夕の礼拝を続けながら、絶えず心にかかるのは、そのような手段を持たず、各家庭で聖書と讃美歌を開き、週報の礼拝式順にそって礼拝をし、あらかじめ配られた説教原稿を読みながら礼拝をしている、その多くは高齢の兄弟姉妹たちのことであった。パトモスのヨハネについて黙想するとき、彼らの姿が重なってくる。

　ヨハネは「主の日、私は霊に満たされ、後ろの方でラッパのような大きな
声を聞いた」(10節)とある。かつて預言者エゼキエルが「その時、霊が私
を引き上げた。主の栄光がその場所から上ったとき、私は背後に大きなとど
ろく音を聞いた」(エゼキエル書3:12)との経験をしたのと同じように、ヨハ
ネも「後ろの方で」大きな声を聞いたという。パトモスで、主にある兄弟姉
妹たちと共に集まることのできない孤独な礼拝において、それでもヨハネは
聖徒の交わりに思いをはせながら賛美を歌い、祈りをささげ、礼拝したこと
であろう。しかし、もしかするといつしか心は重くなり、頭をもたげてうつ
むき加減になっていたかもしれない。そそくさと祈りを切り上げてその場を
立ち去ろうとしていたかもしれない。そんなヨハネを呼び止めるようにして
後ろから主が語ってくださった。こうした黙想は行き過ぎであろうか。

　しかし私たちの主は、礼拝において沈黙されることはない。恵みをもって
語られないことはありえない。何の祝福も希望も与えずに手ぶらで私たちを
帰されることはない。ひとり孤独に礼拝する時にも、聖徒の交わりはそこに
確かにあり、その交わりの中心には、小羊イエス・キリストが臨在される。
このことを確信をもって語り切る説教、信じ切る礼拝でありたいと願う。

　ナチ・ドイツの困難な時代、ドイツ告白教会闘争の指導者であったマルテ
ィン・ニーメラー牧師は悪名高きダッハウ強制収容所に捕らえられていた七
年間、しばしば同じ獄にいる数名の囚人たちとともに礼拝をささげ続けたと
いう。最初はニーメラー牧師と三人のカトリック司祭、やがてそこにオラン
ダの大臣、ノルウェーの船主、英国軍人、ユーゴスラヴィアの外交官、マ
ケドニアの新聞記者が加わっていった。終戦後、奇跡的に生還したニーメラ
ーは、獄中で語った説教が一冊にまとめられて出版された説教集『ダッハウ
説教集』(邦訳『されど神の言葉は繋がれたるにあらず』)に次のような言葉を
寄せている。「私たちの集会は、カルヴィン主義者、ルター主義者、英国国
教徒、ギリシャ正教徒等、ちょうど諸国家のように種々の宗派に富んでいて、
ほとんど皆が家族や友人たちからはもちろん、教会の交わりからも切り離さ
れた孤独な個人同志であることを、ここで認めあったのだった。私たちに残
されていたことは、唯一の聖なる教会を、理解した通りに、今や実行に移す

こと、すなわち神の言葉のまわりに相共に集まるということ、以外にはなかったのである。否、むしろ、主の晩餐を共に祝うこと以外に何が私たちに残されていたろうか。実際、私たちはそうして来た。そして誰も彼も、同じ師と救い主の弟子として私たちを結びつけてくれた交わりの中で、本当に心から喜びあったのである」(2–3 頁)。

ここに「聖徒の交はりを信ず」との信仰告白の、確かなしるしがある。

参考文献

C. E. B. クランフィールド『使徒信条講解』関川泰寛訳、新教出版社、1995 年

佐竹明『ヨハネの黙示録　上』(現代新約注解全書) 新教出版社、1978 年

マルティン・ニーメラー『されど神の言葉は繋がれたるにあらず』国谷純一郎訳、
　　　新教出版社、1962 年

M. E. ボーリング『ヨハネの黙示録』(現代聖書注解) 入順子訳、日本キリスト
　　　教団出版局、1994 年

罪の赦し

吉村和雄

　与えられているのは、使徒信条の中の「罪の赦し（を信じる）」という告白である。この告白について黙想するときに、その目的は、第一に、罪の赦しを信じるとはどういうことかを味わうこと、そして第二に、主イエスが与えてくださるこの最大の恵みの中で生かされていることを確信し、その恵みの中に留まり続ける思いを確かなものとすることである。

罪とは何か
　一般的には、定められた法律もしくは規範に違反することが罪であると考えられる。卑近な言い方をすれば、悪いことをすることが、罪である。しかしながら聖書で言う罪は、単に法律や規範を犯すことではない。それは神との関係が、本来のあり方からずれてしまっていることである。旧約聖書において罪を意味する言葉（ヘート）も、新約聖書における言葉（ハマルティア）も、その本来の意味は「的外れ」である。その人と神との関係が的を外していることが、罪である。それが生き方の的外れとなって現れるのである。
　具体的に言うならば、本来わたしたち人間は、神との愛の交わりの中で、神に従いながら生きる者として造られている。そこでこそわたしたちは、本来の人間らしい人間として生きられるのである。しかしながら、現実のわたしたちはそうなってはいない。神に従うよりも、自分の思いに従って生きる

ことを当然のこととし、自分の思いを実現することこそが、人生の目的であると思い込んでいる。神に造られ、神との愛の交わりの中で、神に従って生きるべき人間が、そこから離れて、自分自身が神のようになってしまっている。それが根源的な的外れである。それが罪なのである。そしてそのように神を離れて罪の中で生きる者の最後は、滅びである。この肉体が滅びると同時に、存在そのものが滅んでしまう。それが、わたしたち人間の最大の問題なのである。

このことは、救いとは何かという問題に明確な答えを与える。通常、救いとは、病や貧困や、困難や苦痛など、好ましくない状態から解放されることだと考えられている。確かにそれも救いではあるが、根本的な意味での救いとは、とりもなおさず罪からの救いである。主イエスは、わたしたちを罪から救う救い主としてこの地上にお生まれになったのである（マタイ 1:21）。

この救いがどのようなものであるかについて、明確に語っているのは、コリントの信徒への手紙二第 5 章 15 節である。

「その方はすべての人のために死んでくださいました。生きている人々が、もはや自分たちのために生きるのではなく、自分たちのために死んで復活してくださった方のために生きるためです」。

わたしたちは誰でも、つきつめれば自分のために生きている。自分の益になる人は近づけ、そうでない人は遠ざける。そのようにして自分の世界を作り上げて生きている。そして初めのうちは、神やキリストでさえも、その世界の中で捉えようとする。初めて教会に来た者が、もし続けて教会に足を運ぶとしたら、そこには何か自分の益になるものがあるからである。教会の交わりや、説教、演奏される音楽など、それらのものが自分にとってよいものであるから続けて足を運ぶのである。そしてそこで語られる話を聞いて、神やキリストについていろいろな疑問を抱くと、それを牧師に問うてくる。納得できる答えが与えられたら信じよう、というのである。

しかしながら、英国の文学者 C. S. ルイスが、その著書『被告席に立つ神』（88-89 頁）の中で、次のように書いている。

　昔の人は、神に（そして異教の神々にさえも）、被告人が裁判官に向か
うように向かいました。現代人にとっては、その役割が逆転しています。
人間が裁判官で、神は被告席にいるのです。それは、かなり親切な裁判
官かも知れません。神が、戦争や貧困や病を許す神であることについ
て、もっともな抗弁があるというのならば、それも、喜んで聞いてやる
でしょう。裁判が神の無罪放免で終わる可能性さえあるのです。けれど
も、重要な点は、人間が判事席におり、神が被告だということです。

　ルイスが指摘するこういうあり方は、多くの求道者が通る道であるかも知
れないが、しかしそれは決して信仰に至る道ではない。自分が判事になって
神を裁いている限り、それは信仰とは別なあり方だからである。これもまた、
的外れである。的外れは、教会の中でも見られるのである。

わたしに従いなさい

　そのような的外れなあり方を打ち壊す主イエスの言葉がある。それが「私
に従いなさい」（マルコ 2:14）である。この言葉は、当然のように自分のた
めに生き、すべてを自分のためになるかどうかで判断し、神を信じるかどう
かさえも、自分が納得できる答えを神が与えるかどうかで判断しようとする
あり方を打ち壊し、全く新しい生き方へと、わたしたちを招き入れる言葉で
ある。もしこの言葉を受け入れて、主イエスに従う者になったならば、その
時わたしたちは「もはや自分たちのために生きるのではなく、自分たちのた
めに死んで復活してくださった方のために生きる」者へと変えられるのであ
る。すなわち、自分が生きる世界の中心の座を、主イエスに明け渡し、それ
以後は、主イエスを中心とした世界の中で生き始めるのである。そしてその
ようにして、わたしたちは罪から、すなわち、的外れから救われる。救いと
は、自分が生きる世界が変わることである。

支配者としての罪

　罪を「的外れ」として捉えることは、それをわたしたちのあり方の問題と

して捉えることである。しかし聖書は、罪を単にわたしたちのあり方の問題
としては捉えていない。次のような言葉がある。

　「このようなわけで、一人の人によって罪が世に入り、罪によって死が入
り込んだように、すべての人に死が及んだのです。すべての人が罪を犯し
たからです。……アダムの違反と同じような罪を犯さなかった人の上にさえ、
死は支配しました」（ローマ 5:12-14）。

　ここでは、罪はわたしたちを支配する力として語られる。わたしたちが的
外れなあり方をしているのは、罪の支配を受けているからである。その罪の
支配は、創世記第 3 章が語るアダムとエバの行為によって世界に入り込ん
で来た。彼らはエデンの園で、食べてはいけないと神に言われた唯一の木の
実を食べた。唯一の命令に背いたのである。唯一の命令に背いたことは、神
の命令には何一つ従わないということである。エデンの園において、神のよ
うに振る舞うということである。このようにして彼らは、神と共に生きる道
を捨てて、自分のために生きる人間になった。そのようにして、自ら罪の支
配に服する者となった。このようにして、罪がこの世に入り込んで来たので
ある。

　そして罪と共に、死もこの世に入り込んで来た。創世記第 5 章が伝える
アダムの系図に名のある人々の生涯はすべて「そして彼は死んだ」で終わる
のである。しかしながらその中でエノクだけは「いなくなった」と言われる
（創世記 5:24）。生涯が 365 年と言われているのであるから、彼も肉体の死を
迎えたに違いない。しかしそれは死ではなかった。神と共に歩む者にとって、
肉体の死は死ではない。神と共に歩む道を捨てたから、肉体の死が死に、す
なわち滅びになったのである。

　支配者である罪とわたしたちの死の関係について、パウロは次のように語
っている。

　「罪の支払う報酬は死です。しかし、神の賜物は、私たちの主キリスト・
イエスにある永遠の命なのです」（ローマ 6:23）。

　ここで罪はちょうどギャングの親分のような存在である。人間が罪の親分
の手下として一所懸命に親分のために働くと、最後に報酬がもらえる。親分

が「ご苦労だった」といいながら拳銃を取り出して、ズドンと銃弾を撃ち込んでくれる。自分のために生きる道は、罪に奉仕する道である。決して自分を生かす道ではない。死はそれに対する報酬だとパウロは言うのである。

罪からの救い

罪が支配者であるとしたら、そこからの救いは罪からわたしたちを奪い返すための戦いになる。この戦いを戦ってくださったのが、主イエスである。

「キリスト・イエスにあずかる洗礼を受けた私たちは皆、キリストの死にあずかる洗礼を受けたのです。私たちは、洗礼によってキリストと共に葬られ、その死にあずかる者となりました。それは、キリストが父の栄光によって死者の中から復活させられたように、私たちも新しい命に生きるためです」（ローマ 6:3-4）。

「キリストが死なれたのは、ただ一度罪に対して死なれたのであり、生きておられるのは、神に対して生きておられるのです。このように、あなたがたも、自分は罪に対しては死んだ者であり、神に対してはキリスト・イエスにあって生きている者だと考えなさい」（ローマ 6:10-11）。

主イエスの戦いは、十字架の死を死なれることであった。わたしたちは洗礼によってこの主イエスと結びつく。そして主が成し遂げてくださったことが、すべてこのわたしのためのものになる。主が罪に対して死なれ、復活して神に対して生きる者となられたので、洗礼を受けたわたしたちも、罪に対して死んだ者となり、神に対して生きる者になっているのである。

ここで「考えなさい」と訳されるロギゾマイは、「計算して結論を出す」という意味である。論理的な手続きを積み重ねて、結論に至るのである。自分が罪に死んで、神に生きている者であることは、自分の業の結果ではない。すべてのことは、主イエスが、父なる神の御心に従って成し遂げてくださったことである。自分の外で成し遂げられたことである。実感があるとかないとかは問題にならない。起こった事柄の論理的な結論として、わたしたちは罪に死に、神に対して生きる者となっている。それを受け入れなさい、というのである。受け入れるとは、信じることである。それは、わたしたちが使

徒信条において「罪の赦しを信じる」と告白することに通じている。

罪の赦し

旧約聖書における神のメッセージは「律法に従って正しい生活をしなさい。そうすればわたしのところに来て、神の民となれる」というものであった。旧約聖書においては、わたしたちが「何かをすること」が求められたのである。しかし新約聖書における神のメッセージは「そこにいなさい。わたしが行く」である。この言葉の通りに、主イエスが羊飼いとしてわたしたちのところに来てくださり、十字架の死と復活を通してわたしたちの罪を赦し、それを喜び受け入れる者をその羊にしてくださった。さらに聖霊が、み言葉によって導き、聖めて、神の子にふさわしい者としてくださる。そのようにして、わたしたちの救いを完成してくださるのである。このように新約聖書においては、「何かをすること」ではなく「主イエスを喜び受け入れる」ことが決定的である。

これは神が下された本当に大きな決断によるものである。それは罪人を受け入れるという決断である。パウロが「私たちがまだ罪人であったとき、キリストが私たちのために死んでくださったことにより、神は私たちに対する愛を示されました」(ローマ 5:8) と語っている通りである。神は、わたしたちの罪を赦すことによって、わたしたちを罪の支配から解放してくださり、取り戻してくださるのである。

このすばらしい救いの業を喜んで、わたしたちは「罪の赦しを信じる」と告白するのである。

体の麻痺した人の癒やし（マルコ 2:1-12）

マルコ福音書2章1節以下はとても印象的な話である。恐らく一度聞いたら忘れられない話であろう。報告されている出来事そのものが印象的であることに加えて、そこで語られている主イエスの言葉が、わたしたちの心に深く残る。

初めに心に留まる主イエスの言葉は、この病人に最初に語りかけた言葉

「子よ、あなたの罪は赦された」（5節）であろう。新共同訳では原文のギリシア語と同じく「あなたの罪は赦される」と現在形になっているが、聖書協会共同訳では「赦された」と過去形または完了形に訳している。病人はすでに赦された存在となっていることを表現したのであろう。

　しかしながら、目の前に病人が吊り下ろされて来たのである。明らかに、求められているのは病の癒やしである。それにもかかわらず、主は罪の赦しを宣言された。それはなぜか。さらにここでは、通常問われるであろう「何をしてほしいのか」（マルコ 10:51）という問いさえも発せられることはない。目の前に吊り下ろされた病人を見て、主は直ちに罪の赦しを宣言されたのである。

　それは、この状況においては、罪の赦しの宣言こそ最もふさわしいと主がお考えになられたからであろう。通常なら、彼らが求める病の癒やしを与えるのであろうが、それがこの状況においては、最もふさわしいことではなかったのである。それはどういうことだろうか。

　ここでマルコは、主が「彼らの信仰を見て」罪の赦しを宣言されたと語る（5節）。主に罪の赦しを宣言させたのは、「彼らの信仰」である。その信仰は病人を主のもとに運んで来たことによって示されている。しかも、大勢の人がいて普通の手段では病人を御もとに連れて行くことができなければ、屋根に穴を開けてでもそれを実現するという、彼らの大胆な行動の中に示されている信仰である。そこには、主イエスには、この病人を癒やすことがおできになるという主の力に対する信頼と、主は必ずこの病人を憐れんでくださるという、主の愛に対する信頼がある。それは屋根に穴を開けさせるほどの、絶対的な信頼である。この信頼を、マルコは信仰という言葉で表現したのである。

　ここで不思議なことは、この病人の信仰が問われていないことである。彼は何もしていない。言葉さえも発していない。ただ、運ぶ人々の手に自分を委ねているだけである。そのような病人が、彼を運んだ人々の信仰によって癒やされたのである。これはどういうことであろうか。

　しかしながら、これは罪の赦しというわたしたちの救いにとって決定的な

出来事の本質を示しているのである。既に示したように、パウロはローマの信徒への手紙第5章8節において、わたしたちが罪人であったとき、すなわちかけらほどの信仰も持っていなかったときに、キリストがわたしたちのために死んでくださったことにより、わたしたちの罪が赦されて神の愛を受ける者となる道が拓かれたと語っている。ちょうど四人の男たちが、屋根に穴を開けて主イエスのもとに病人を運んで来たように、主イエスは天の国とわたしたちの間を隔てる壁に穴を開けて、わたしたちが救われる道を拓いてくださったのである。それならばこの時主イエスが、この四人の男たちの中にご自分の姿を見出され、だからこそここでこの病人に対して、何よりもまず罪の赦しを宣言されたのだと考えることも、許されるのではないだろうか。

罪の赦しについて思い巡らすべきことは本当に多い。テキストとしては、マルコによる福音書第2章1–12節を中心に、ローマの信徒への手紙など、他の箇所を援用しながら、罪の赦しの内容とその恵みを明らかにしていくのがよいのではないだろうか。

参考文献

加藤常昭『加藤常昭説教全集27　使徒信条』教文館、2006年

『説教黙想 アレテイア　マルコによる福音書』日本キリスト教団出版局、2010年

馬場嘉市編『新聖書大辞典』キリスト新聞社、1971年。「罪」の項目

C. S. ルイス『被告席に立つ神』本多峰子訳、新教出版社、1998年

身体のよみがへり

<ruby>身体<rt>からだ</rt></ruby>のよみがへり

服部　修

黙　想

　現在仕えている教会で、七週で1セットの受洗準備会を年に四回開催している が、そこで使徒信条の内容について解説している。解説する上ではどの告白の言葉も重要で手の抜けない告白に違いないが、「身体のよみがへり」を受洗前の方々に説明するときの難しさをいつも痛感させられている。しかもこの告白は、受洗前の方々のみならず、長く信仰生活を送ってきた教会員でも「何となく」把握している、という場合も少なくない。しかし聖書ははっきりと「身体のよみがへり」について証言をしている。

　「『私の手と足を見なさい。まさしく私だ。触ってよく見なさい。霊には肉も骨もないが、あなたがたが見ているとおり、私にはあるのだ』。こう言って、イエスは手と足をお見せになった」（ルカ 24:39-40）。

　「あなたの指をここに当てて、私の手を見なさい。あなたの手を伸ばして、私の脇腹に入れなさい。信じない者ではなく、信じる者になりなさい」（ヨハネ 20:27）。

　「朽ちるもので蒔かれ、朽ちないものに復活し、卑しいもので蒔かれ、栄光あるものに復活し、弱いもので蒔かれ、力あるものに復活し、自然の体で蒔かれ、霊の体に復活します。自然の体があるのですから、霊の体もあるわけです」（Ⅰコリント 15:42-44）。

　これら以外の箇所も挙げることはできるが、少し思い浮かべただけで聖書そのものが「身体のよみがへり」を証言していることが明確になる。

　そもそも、「身体のよみがへり」がイエス・キリストの復活の出来事とつながっていることは自明のことである。だからこそ、何となく理解しているだけであったとしても、身体のよみがへりについてそれを否定することはないし、救いの出来事における身体のよみがへりについては、「永遠の生命」を信じることとセットで大切な告白として受け継がれてきたわけである。それでは「身体のよみがへり」の告白は、ただ単に終わりの日の約束の告白として告白されるべきなのか、と問うならば、決してそのようなことはない、と答えることになる。なぜなら、身体のよみがへりの告白は、いつかそういう身体に私はなるのだ、という約束だけではなく、その身体に向かって生きている「今の私の身体」をどのように受け止め、用いるか、ということともつながっているからである。それは「信仰の身体性」と言い換えても良いかもしれない。

　私自身が教会で良く用いる表現の一つに「救いは全存在的である」という表現がある。つまり、主があなたを救ったということは、あなたの心が癒されたというだけのことではなく、救われた気持ちになったというだけのものでもなく、ましてやあなたの考え方が変わったといういわゆる自己啓発的なものでもなく、あなたの「体も魂も」救われた、の意味である、と表現する。というのも、救いを、「心が洗われた」とか、「気持ちが楽になった」というところの理解で留まらせてしまっていることが少なからず存在するからである。もちろん救いは人間の「霊」あるいは「魂」の問題であり、キリストの救いによって霊的な癒しにあずかってそれを喜ぶものであることは間違いではない。むしろ、霊的な部分における罪の問題をしっかりと悔い改めて洗礼による清めを授けられたことは喜ばしいことである。だからといってそこで「身体」が置き去りにされてはならない。私たちが救われたのは霊だけではなく体もまた救いにあずかっているのである。それなのに救いにおける「身体」という面が後退したりして、言葉としては知っているのに、あまり深く

考えない部類に選別されてしまっているきらいがあるように感じられるのである。

　そして「信仰の身体性」が後退するところに何が生じるか、と言えば、救いを矮小化してしまう危険性である。救いを人間の全存在的な事柄ではなく気持ちの問題にしてしまうのである。このような救いの矮小化がもたらすものは、救いを個人の体験に限定し、ひどい場合には、イエスさまを信じたことを「一時の迷い」のようにしてしまうことさえ引き起こす。それは例えば太宰の小説を読んだ者が「太宰かぶれ」に陥るように、聖書を読んで教会に通った者が一時的に「キリストかぶれ」になったかのように救いを矮小化する結果をもたらす。そこには「贖われた身体」は存在せず、言葉に出会い、言葉に感化された者の「気持ちの問題」が中心に置かれる。従って、信仰の身体性が明確でないときに、イエスさまを必要としなくなった、とか、教会が不必要になった、などのように、自分の気持ちひとつで信じたり信じなかったり、教会に行ったり行かなかったりを決められると考えてしまうのである。信仰から身体性が欠落すると、大げさではなく、教会の存在そのものも不必要になる。

　しかしキリストの救いは、私が信じられる気分だとか、信じられない気分だとかで決まるものではない。神があなたを救ったと宣言されたとき、それはあなたのすべてが救いとられたという意味であり、あなたがどのような状態であろうとその救いはあなたのものである、という約束である。救いの宣言はあなたの心だけが救いとられた、の意味では決してない。それなのに救われた私という存在から、信仰の身体性の意義を後退させ、信仰から身体性を欠落させてしまうことで、信仰をその人の心の問題だけに限定し、そのゆえに、救いが矮小化されてゆく結果をもたらしてしまう。こうして救いや信仰を「個人の気持ちの問題」に矮小化させてしまうことによって、「救われた」事実や「信仰者である」恵みの事実を曖昧にしてしまうのである。

　そうなると救いは絶対に必要なものではなくなり、興味のある者が救いをつまみ食いして、満足したらそれで十分ということになってしまう。そして信仰に留まり続けたければそれはその人の自由、信仰に十分満足して離れた

くなったらそれもその人の自由、ということになる。そうなるともはや救い
の約束と手段としての「洗礼」は無意味化され、結果として矮小化された救
いや信仰の理解として、「イエスさまを信じたい気持ち」だとか「イエスさ
まを愛したい気分」だけで十分になってしまうのである。

　かつて私の指導教授が未受洗者への配餐の問題について触れたとき、これ
は聖餐の問題ではなく洗礼の問題だ、と言及されたことを思い起こす。そし
てそれは信仰の身体性が後退したところで引き起こされる事柄だと言える。
洗礼の出来事に示されている「身体のよみがへり」に対する信仰の後退や欠
如が信仰の身体性を見失わせ、あるいは喪失させ、救いや信仰を気持ちの事
柄に矮小化させてしまうのである。言えば、「身体のよみがへり」を信じて
いないから、「今信じたい気持ちさえあれば十分」ということになる。

　聖餐において「キリストの体」にあずかるのは、洗礼にあずかって「キリ
ストによって罪を贖われた体」であるのが対応関係としては当然であるはず
なのに、「体」にあずかるために「気持ち」を対応させることが筋違いであ
ることに気づかないか、無視をする。「身体のよみがへり」の告白は、「罪か
ら贖われた私の体」の意義を示しているのに、身体の部分がすっぽりと抜け
落ちてしまうのである。そして「信じたい気持ち」だけが優先された救いの
矮小化は、まさしく「身体のよみがへり」に対する信頼の欠如問題として浮
上してくるのである。

　だからこそ「信仰の身体性」の重要性を、「身体のよみがへり」の告白と
共に確認する必要がある。それはキリストが体をもってよみがえられた事実
に基づいているのである。繰り返すが、信仰の身体性は、身体のよみがへ
りの希望に根ざし、それはキリストの復活の体に対する憧れに根ざしている。
それゆえに、信仰の身体性の喪失は、復活信仰への不信によってもたらされ
ると言えるのである。

　加えて身体のよみがへりの告白が示しているものとしての信仰の身体性を
考えるとき、この救われた身体をどのようにして救ってくださったお方のた
めに用いるか、ということが避けられない重要な問いとして迫ってくること
が分かる。それは広義の意味における「聖化」を扱う事柄になる。すなわち、

今現在身体のよみがへりを待っている罪から贖いだされた私のこの体を、私の体を造り、私の体を贖い、私を栄光の体へと導いてくださるお方のためにどのように用いようか、という信仰の歩みを生み出す原動力となるのである。身体のよみがへりの告白は、単に終わりの日の希望を待ち望むためだけの告白なのではなく、罪から贖われたこの体を用いて生きる喜びを導き出す告白でもある。完成の日を知る者こそが感謝のうちに生きることができるという、終末信仰を示す告白でもある。

　しかもこの告白が使徒信条の枠組みの中で、聖霊の告白の中に位置づけられている点も重要である。つまり、身体のよみがへりへの希望と、その希望に基づく信仰生活を導くのは聖霊なる神だ、という信頼である。そうでなければ罪から贖われた体を、罪に全く支配されないような生き方ができない私であるという事実を日々思い知らされるたびに、私たちはただ愕然とするほかなくなる。罪深い私、罪を犯さざるを得ない体を持つ私がどうして救われ、栄光の身体によみがえると言えようか、と不安になる。しかしそこで栄光の身体を約束しているのは私の生き方ではなく、私の体を贖いのキリストに結び付けている聖霊なる神の御業なのだ、という恵みに立つことができるのである。それゆえに、罪を犯さざるを得ない私が、なおも身体のよみがへりを信じ、その栄光に向かって今与えられ救われているこの体をもって生きることができるようになる。

　身体のよみがへりを信じるからこそ私たちはなお罪深き者であったとしても、赦された喜びの中で終わりの日の栄光に向かって歩み続けることができるのである。あえて言えば、体をもって罪を犯しながら歩み続け、それでもこの罪なる体が救われているという約束のゆえに、罪なる、しかし贖われた体に自ら触れながら、「だからこそ身体のよみがへりにあずかっているのだ、この贖われた罪なる体が、しかし栄光の体の約束なのだ」という感謝をもたらし、慰めに満ちて生きることができるようになる。

　「身体のよみがへり」については、もう一点触れておきたいことがある。それは具体的に言えば葬儀における説教の課題である。

　私自身も教会員の葬儀で説教をするにあたって、言葉として「天の国に迎え入れられた」であるとか「神の国に入れられた」のように表現することがある。しかし厳密に言えば、「身体のよみがへり」の成就はキリストが再臨されたときである。従ってよみがえった体と共に神の国の住人として生きるのは、再臨後であって、地上から召されたその時に身体のよみがへりにあずかるわけではない。その意味では「天の国に迎え入れられた」との表現は、「よみがえりの体を持たない霊の状態で存在している」という意味にもなりかねず、そうであるならば、それは正しく復活の信仰、身体のよみがへりに対する信仰を表現していることにはならなくなる。慰めの言葉として語ったその言葉が、正しく「身体のよみがへり」の希望に基づいて語られ、聞かれているかということを思わされる。

　例えば、家族が天国から見守っている、といった表現が身体のよみがへりへの信仰と合致するかと言えば、厳密には合致していない。私たち人間はどんな場合でも霊だけで存在することはなく、霊と体とで存在する。だからこそ「身体のよみがへり」と「永遠の生命」を信じる、と告白する。

　もし使徒信条に「身体のよみがへり」がなく、「永遠の生命」だけであるならば、地上から召されたその時から天の国で霊の状態で存在していると明言できたに違いない。しかしキリストが体をもって復活され、そこに私たちの希望があるわけだから、永遠の生命と共に身体のよみがへりもまた人間の死の出来事の中で明確にされなければならないであろう。私たち人間は霊だけの存在ではないということを身体のよみがへりの告白と共に思い起こさざるを得ない。だからこそ正確な表現を求めるならば、逝去した者が身体の無い状態で今生きているとは言えない。私たちは「身体のよみがへり」を信じているのであるから、その時までは聖書の表現を使うとすれば、眠った状態と表現すべきである。

　しかしなおそこで私たちが言えることは、キリストの罪の贖いにあずかった者にとっては、「身体のよみがへり」は不確かな約束なのではなく、確実に実行される救いの約束であるということ。私たちは、「もしかしたら身体のよみがへりにあずかることができるかもしれない」という曖昧な救いの約

束に生きているのではなく、「身体のよみがへりを信ず」との確かな約束に生きている。だから、終わりの日に完成する事柄を、今既に手にしている恵みとして語ることがゆるされているのである。そして逝去者を天国から見守る守護者のように語るのではなく、私たちに約束された救いの完成の約束を先取りしている者として語ることができるのである。「私たちを見守っていてください」と、亡くなった者に呼びかけたり、そのような存在として理解したりすることは、身体のよみがへりの告白とは相容れない。というよりも、身体のよみがへりの告白とその恵み深さが了解されていないところで、死者を残された家族の守護者としてしまうような感覚、意識が醸成されるとも言える。それゆえにこそ私たちは「身体のよみがへり」の正確な意図に常に立った上で終末の希望を語らなければならない。

　加えて言えば、身体のよみがへりは、火葬の際により明らかに語ることができる。肉の体が塵灰に帰される。目に見える形としての体が喪失される。骨になる。しかしなおそこで私たちには栄光の身体が約束されており、身体のよみがへりにあずかることができる、とそこで明言できるのである。私たちに「身体のよみがへり」の約束が与えられていることの恵みを、体が灰になるその場所で思い起こすことができる。ちなみに私たちの教会では火葬場で火葬するための扉が閉じられたそのときに使徒信条を告白することにしている。扉の向こうで体が灰になろうとしているその場所で「身体のよみがへり、永遠の生命を信ず」と告白する場面に立ち会うたびに、終わりの日の希望が与えられていることの恵みを思い起こすことができる。

黙想と信仰生活のポイント

　「身体のよみがへり」を黙想するにあたって留意すべきことは、キリストの復活の体とのつながりを意識する点にある。復活の体を信じる信仰に立っているかどうか、である。そして復活の体を信じる信仰に立つならば、贖われた体があるからこそ、身体のよみがへりを信じることができる、という希望のつながりを捉えることができる。身体のよみがへりは、その完成が終わりの日に属しつつ、しかし今を生きている私の体のための告白でもある。先

に「聖化」と表現したが、生きて働く信仰を、身体のよみがへりの希望に基づいて獲得し、生きることができる。

　それこそ信仰が知識偏重に傾き、理解することが信仰であるかのような錯覚にとらわれ、信仰が、あえて言えばグノーシス化する中で、教会は「あなたが今あなた自身で触れているそのあなたの体もまたキリストは罪から救い出したのだ」と明らかにする必要がある。救われた私の体がここにあることが身体のよみがへりの確かな約束である、という表現も危うい表現になりかねないが、信仰の身体性への意識が後退しているように思われる状況の中では「贖われた私の体」ということを明らかにする必要性があると言える。なぜ私は生きているのか、なぜ私は死ぬのか、私が今この体を持っていることの意味は何であるのか、その問いに対して「身体のよみがへり」の告白は答える。あなたの存在すべてが神のものであり、神のために用いられてこそ、そこに慰めと希望とが満ちるのだ、と。

　体を持って生き、生活を抱えている私たちである。その体と生活と信仰を切り離して考えてはならないということを「身体のよみがへり」は示している。この告白を単なる将来の希望で終わらせることなく、その希望が、今日、この贖われた体を持って生きている喜びにつながることを思い起こし、生きる私たちでありたい。

永遠の生命

広田叔弘

はじめに

　使徒信条の最後の告白は、「永遠の生命を信ず」である。天地創造の目的と共に、キリストにおいて現れた救済の完成は「永遠の生命」に向かっている。大きく取ればこの世の歴史、小さく取れば個人の歩み、それぞれが目指す究極の目的地が永遠の生命だ。信仰においてこのテーマが重要であることは言うまでもない。ところが、わかり難い。「永遠の生命」と聞いて喜びが湧くだろうか。道に疲れた旅人が心に目的地を思い描いて元気を出すように、この言葉を聞いて元気が出るだろうか。そもそも説教者である私たちは「永遠の生命」を充分に説き明かしてきたのだろうか。内容の重要さを知りつつ、充分には説き明かしてこなかったのが、この告白なのではないかと思う。

　「永遠の生命を信ず」が最後の告白であれば、そこには喜びと希望が宿るはずである。敬遠して終わりたくはない。告白に込められたメッセージをくみ取り、共に喜びと希望にあずかりたいと思うのだ。

神学的考察　1 ―― 救いの完成

　神は天地を創造された。それは、極めて良い世界であった。しかしアダムとエバは神に背いた。二人を捜す神に対してアダムは次のように答えた。

　「私はあなたの足音を園で耳にしました。私は裸なので、怖くなり、身を

隠したのです」（創世記 3:10）。

　罪の負い目があって人は神を怖い者に変えてしまった。神の愛に変わりはない。だが、背く人間は神と共に歩むことができないのだ。ここからさまざまな苦悩が生じる。やがて人は、労苦の日々を経た末に死を迎えることになる。

　神に背いては救いを求め、救いを求めては神に背く、これが人間の現実であろう。そして神は御子を世に遣わした。主キリストの十字架の死によって人の罪は赦され、復活によって永遠の生命が約束される。すなわち、神との和解によって人間は変えられ、神と共に生きる新しい生が実現する。これが神の与えた救いである。しかし救いは完成したものではない。完成の途上にあるものである。この消息をパウロは次のように語っている。

　「被造物だけでなく、霊の初穂を持っている私たちも、子にしていただくこと、つまり、体の贖われることを、心の中で呻きながら待ち望んでいます」（ローマ 8:23）。

　造られたものすべてが救いを待ち望んでいる。キリスト者も同じだ。私たちは世にあっては朽ちる肉の体で生きている。完全な救いの成就は、体が贖われる終わりの日を待たなければならない。では、やがて完成する救いとはどのような世界なのだろう。黙示録の言葉を聞こう。

　「そして、私は玉座から語りかける大きな声を聞いた。『見よ、神の幕屋が人と共にあり、神が人と共に住み、人は神の民となる。神自ら人と共にいて、その神となり、目から涙をことごとく拭い去ってくださる。もはや死もなく、悲しみも嘆きも痛みもない。最初のものが過ぎ去ったからである』」（黙示録 21:3-4）。

　完成する救いの世界は失われたパラダイスの復元ではない。キリストに結ばれた者たちには、罪と死に対する勝利と共に、神の子らに与えられる天上の栄光が約束されている。人は、主に結ばれて神と共に住む、栄えある者たちへと変えられていくのだ。

神学的考察　2 ── 時と永遠

わかり難いのは「永遠」である。言うまでもないが、永遠は終わりなく続く時間のことではない。そこには質の違いがある。パウロは次のように述べている。

「死者の復活もこれと同じです。朽ちるもので蒔かれ、朽ちないものに復活し、卑しいもので蒔かれ、栄光あるものに復活し、弱いもので蒔かれ、力あるものに復活し、自然の体で蒔かれ、霊の体に復活します」（Ⅰコリント15:42-44）。

肉の体が朽ちて、霊の体に復活する。すなわち、この世（時間）が終わる時、神と共なる新しい世（永遠）が始まるのだ。

神学的考察　3 ── 永遠の始まり

キリストの受肉降誕、十字架の死と復活、そして昇天と聖霊降臨。一連が救いの出来事である。この出来事がすでに実現しているから、私たちは救いの完成を信じて世を歩むことができる。しかし、救いの出来事は肉の目で捉えることはできない。神ご自身が救いを証しし、神ご自身が人間の心の目を開かなければわかり得ない。

そして、神が語り、信仰の引き起こされる場がある。それが教会である。世に立つ教会を見れば、多くの点で破れを抱えている。しかし、主が現臨する一点において教会は聖なる場であり、世にありつつ、すでに永遠の生命が始まっている所である。主は、御言葉と聖餐によってご自身を現し、私たちにご自身をお与えになる。すなわち私たちは、礼拝の席で生けるキリストと出会い、世にありつつ、すでに永遠の生命を生き始めているのだ。

以上を考えれば、使徒信条が「永遠の生命を信ず」と告白するとき、それは単に個人の告白ではなく教会の告白であることがわかる。教会に破れは多くとも、主がおられる一点において、すでに永遠の生命は始まっているのである。

実存状況

黙想を始める前に注意をしたい。

ひとりの人を思い出す。当時七十年配であった。この人は三十年余り前に高校生の息子を急な病で亡くしていた。彼は私に言った。「天国に行ったら一番に息子を捜す。天国にいなくて地獄にいたなら、私は息子と一緒にそこで暮らす」。天国で息子を捜すことは理解できる。しかし「地獄にいたなら」と続くことが不可解であった。後から聞かされたのだが、息子は洗礼を受けていなかった。熱心な信徒であった父親はそのことが心にかかっていたのだ。

また、別の人から言われたことがある。「死んでからもまだ生きるのですか。復活なんてない方が楽じゃありませんか」。語ったのは、長く人間関係に苦しんでいる人だった。「天国」や「永遠の生命」が必ず救いの言葉になるわけではない。キリストによって現された神の愛と赦しが良く理解されていないと充分な意味を持たない。死と生をつなぐ告白であるだけに、説教者には、信仰の正しい理解と共に聴衆へのデリケートな配慮が求められるところだ。

黙想　１──イメージ

しばしば人生がマラソンにたとえられる。長い道のりを走り抜いて、ついにゴールへたどり着く。しかしこのたとえは適切であろうか。私は人生をマラソンではなく、駅伝にたとえたいと思う。長い距離を走り抜くことは同じだ。しかし両者には根本的に違うところがある。マラソンは個人競技。これに対して駅伝は団体競技である。当たり前のように、「人は独りで生まれ、独りで死んでいく」と言う。大嘘だ。人は人の中に生まれ、人の中で生き、人の中で死んでいく。まさに人生は、人間関係の中で進んでいく団体競技と言えるだろう。

箱根駅伝を思い出そう。ランナーはそれぞれに走る区間が定められている。第１区は大手町から鶴見まで。街中を走る。高低差はない。第４区は平塚から小田原まで。晴れていれば富士山が見えるという。そして第５区は小

田原から芦ノ湖まで。山登りのコースだ。つまり、区間によって走る道の内容は全く違う。人生もこのようではないだろうか。高低差のない道を走る人がいる。片や、山登りの道ばかりを走る人もいる。良い、悪いではない。それぞれに違うのだ。重要なのは、自分の区間をどのように走るかであろう。才能も環境も人間性も異なる私たちが、神さまから与えられた自分の区間をどう生きるのかが問われているのだ。

　レースは孤独なものではない。大手町から箱根まで、沿道は応援の人々でつながっていく。さらにランナーの後ろには監督が乗る車が付いて来る。そこから、あるときは檄が飛ばされ、あるときはペースダウンが指示される。私たちの監督はキリストだ。このお方が私たちの後ろにいて、私の走りを見ている。力を充分発揮できるように、ダメにならないように、私を見続けては言葉をかける。「人生はひとりぼっちだ」などと言いたくない。フーフーと、苦しい息をあげながら走る私に、どれだけの人たちが応援してくれたであろう。見えざるキリストの配慮、教え、励まし、恵みの一つ一つをいただいて、ここまで走り続けることができたはずだ。

　自分の区間を走り終えるとき、次のランナーにタスキを渡す。それは命のタスキであり、福音のタスキだ。かつて私が受け取ったように、これから走るランナーへとタスキを渡す……。

　駅伝のチームはすべてが優勝を目指しているわけではない。あるチームはシード権の獲得を目指す。あるチームは五位に入ることを目指す。私たちも同様だ。すべての人が優勝を目指しているわけではない。それぞれに自分の目標を掲げ、人生というレースに挑んでいるのだと思う。

　最終ランナーは大手町に向かう。そしてそこには、ランナーを待っている人たちがいる。それぞれの区間を走ったチームの仲間たちだ。それだけではない。選手にはなれなかったけれど、ランナーたちを裏で支える仲間たちが大勢いる。共にレースに挑んだチームの仲間たちが、手を振りながら最終ランナーのゴールインを迎えようとしている。たとえタイムは遅くても、ランナーは仲間たちの大きな歓声の中にたどり着くのだ。まさに、人生とはこのようなものだろう。私がゴールに入るとき、私は孤独ではない。人生という

厳しいレースを一緒に走った仲間たちや、応援してくれた人たちが手を振って、ゴールに入る私を大きな喜びをもって迎えてくれるのだ。そして、私は信じている。迎えてくれる仲間たちの真ん中に主キリストがいて、両手を広げて、ゴールインする私を迎えてくれるのだ、と。

黙想　2 ── わからないことと、わかること

　問、「死んだらどうなるのか」。答、「わからない」。死後、人はただちに復活すると考える立場がある。陰府に降り、眠りについて最後の審判を待つと考える立場がある。あるいは、死後の復活は霊の復活であり、最後の審判を経て復活の体が与えられると考える立場もある。聖書の証言自体が多様なので、明確にはわからないのだ。わからないものはわからなくて良いと私は考えている。わからないものをわかったように言えば嘘になる。そしてこの中で、はっきりしていることがある。私たちは死して後、新しい命を与えられることだ。死がすべての終わりではない。その次がある。

　「きょうだいたち、私自身はすでに捕らえたとは思っていません。なすべきことはただ一つ、後ろのものを忘れ、前のものに全身を向けつつ、キリスト・イエスにおいて上に召してくださる神の賞を得るために、目標を目指してひたすら走ることです」（フィリピ 3:13-14）。

　パウロ自身すべてを知っているわけではない。わからないところがあるのだ。しかし、目標が現在に対して生きる力を与えている。次の命は、主と顔と顔を合わせて共に生きることになる。神の子らとして、神さまの完全な愛の中で生きることになるだろう。これを信じることができれば充分なのだ。

　しかし、なお一つ心配がある。「信仰を持たないで死んだ者たちはどうなるのか」である。先に述べたとおり、教会員の素朴な心配だ。信仰は救いの条件ではない。救いを得させる能力でもない。人を救うお方が、キリストであることを受け入れることだ。このキリストは神の愛そのものであって、限りなく慈しみ深い。それは、人を救うために十字架につくほどに慈しみ深い。この中心点を受けとめることが重要だ。

　信仰を得た者たちだけが神の国で喜び、主を信じ得なかった者たちや、洗

礼を受けずに世の旅路を終わった者たちは神の国から漏れてしまう。このようであれば、それは聖書が示す救いの世界ではない。この世の有様そのものだ。イエスが遺体となって葬られたとき、復活を信じた弟子は一人もいない。男の弟子たちは全員姿を隠していた。そして復活した主イエスは、そのような弟子たちに現れてくださった。復活の御体を示し、救いを与えるために近づいてくださったのだ。死んでから後の心配は、十字架の傷を負った主の御手にゆだねよう。不安を抱く教会員と共に、主の御手にゆだねていきたいのだ。

黙想　3 ── 今の歩み

　神の国という目標が、現在の生に力を与えている。このことは同時に、今を生きることの充実が、目標をより確かなものにするということであろう。現在と目標は連動しているのだ。問われるのは、今の信仰生活だ。

　私は聖餐卓の前に立つとき、大きな安心を与えられる。制定の言葉を朗読し、聖別の祈りをささげる。集められた者たちが共に主のパンを食べる。福音そのものだ。幸いがある。これ以上の席はこの世にはない。

　福音主義教会は聖書の言葉を大切にしてきた。このこと自体は至当なことだ。しかし、私たちが「御言葉」と言うとき、しばしば人間臭さが絡む。逆らい得ない権威を振り上げられたように感じる。御言葉に対する熱心の度合いによって、信仰が裁かれる気持ちになるのだ。

　重要なのは、礼拝の席にキリストが現臨しておられることである。鞭を打たれて十字架につき、復活を遂げて弟子たちに近づいたあのお方が、今ここにおられるのだ。主は、御言葉と聖餐によってご自身を与えられる。聖書の言葉を学んで理解するだけではなく、主の言葉を聞く中でパンを取って食べ、主ご自身と結ばれることが重要だと考えるのだ。

　伝統的な聖餐卓の形は棺桶を模したものであるという。迫害時代には、殉教した仲間の棺をテーブルにして聖餐を祝った。聖餐にあずかることは、キリストご自身をいただくことであり、使徒たちをはじめとする代々の聖徒と交わることを意味する。聖餐の食卓に主が臨在し、神の国と地上の教会は一

つに結ばれる。私たちはこのリアリティーに生きていきたい。この恵みが生きて働くとき、永遠の生命は日常生活の中で力と希望を現し、私たちに喜びを与えるものとなる。礼拝の中にある恵みの神秘を繰り返し求めていきたいのだ。

黙想を基に、語り、生きる

説教への提案　1 ―― 限りある命

「私たちのよわいは七十年　健やかであっても八十年。誇れるものは労苦と災い。瞬く間に時は過ぎ去り、私たちは飛び去る」（詩編 90:10）。

かつて年老いた牧師が祈った。「人生の暮れ近くになって、大した働きもせず」と。彼は壮年の日、教区長を務めていた人だ。多くの働きをした。しかし祈りを共にした時、「そのようなものかもしれない……」と思った。

永遠の生命を語るとき、「現実」を捉えることが重要だ。精一杯生きて、なお名状しがたい悔いを残すのが人生なのではないだろうか。言葉を換えれば、人生の有限性や世の不条理、そして罪の現実が語られないと、救いの完成である永遠の生命を告げることはできないと思う。負の現実を捉えることが必要だ。

説教への提案　2 ―― 愛されている者たち

実存の厳しさはある。同時に私たちは恵みの中にいる。個人には、それぞれ固有の恵みが与えられているものだ。ある人にとっては愛する人との出会いかもしれない。別な人にとっては病の癒しかもしれない。また別の人にとっては、天職が与えられたことかもしれない。一人一人に与えられている固有の恵みを思い出し、受け止めたい。そして神が人間に与えた絶対の恵みがある。すなわち、主イエス・キリストが十字架の上に渡された出来事だ。

「私たちすべてのために、その御子をさえ惜しまず死に渡された方は、御子と一緒にすべてのものを私たちに賜らないことがあるでしょうか」（ローマ 8:32）。

　私たちの外に立つ十字架の死と復活の出来事が、絶対の恵みだ。ここに立って、私たちが神の愛の中にいることを告げたい。ここが、やがてたどり着く永遠の生命の土台になる所だ。

説教への提案　3 ——喜びと希望を語る

　永遠の生命は、死を越えなければ行き着くことができない。そして私たちの中には、そこへ行ったことのある者は誰もいないのだ。実存状況の理解、さらに恵みの理解は共に真摯な内容だ。これに対して永遠の生命は、ファンタジーをもって語りたい。ゆるく語るのではない。福音の恵みをバックボーンとして、希望とユーモアをもって語りたいのだ。

　その人は信仰の篤い信徒であった。年齢は八十歳を過ぎていた。重篤な病床に横たわっていた。彼は、訪ねた私をようやく半分ほど開いた眼で見ると、唸るように言った。「大変だ。大変なのだ……」。私は尋ねた。「大丈夫ですか？」。「いやあ、大変。先生、神さまの恵みは大変なものですよ！」。これがその人と交わした最後の言葉だった。彼は最期の床でどのような幻を見ていたのだろう。いずれわかる日が来る。すでに天には数えきれない仲間たちがいて私のゴールを待ってくれている。その日を心に望み見て私たちは、今日ひと日、人々に喜びと希望のメッセージを語りたい。神の国は涙が拭い去られた世界だ。微笑をもって永遠の命を告げていこう。

信徒への提案

　永遠の命は、信仰に留まって聞くメッセージである。むしのしらせや第六感、あるいは霊媒。超常現象を尋ねたくなることもあるだろう。愛する者を悔いの残る仕方で亡くした人がいる。死者に対して、詫びたい気持ちを抱き続けている人がいる。そうであれば、死後の世界を尋ねる思いはよほど強くなる。しかし、行ってみないとわからないのが永遠の世界だ。

　あれこれと詮索することはやめよう。ここから信仰と生活に混乱が生じる。神は私たちに主キリストを与えてくださった。主がともにおられるなら、それで充分だ。乱暴な言い方だが、主は、私たちを絶対に悪いようにはしない。

これまで述べてきたとおり、大切なのは福音に集中することだ。永遠の命を
詮索するのではなく、喉の渇いた隣人に冷たい水一杯を差し出したい。主を
信じるとはこのようなことであろう。

　キリスト信者であれば、主に集中して今日ひと日を生きていこう。自分の
ペースで生きていこう。この積み重ねが永遠の命に向かうことなのだと思う。
そして主は、待っていてくださる。あなたの思いを知り、努力を知り、天国
の門口に立ってあなたがゴールインを果たすその時を待っていてくださる。
主に感謝をささげて門をくぐりたい。ハレルヤと歌いながら、神の愛が満ち
る永遠の国へ進んでいこう。

執筆者紹介

平野克己　ひらの・かつき
1962 年生まれ。国際基督教大学卒業。東京神学大学大学院修士課程修了。現在、日本基督教団代田教会牧師。　編著書に『主の祈り　イエスと歩む旅』『祈りのともしび』『説教を知るキーワード』『使徒信条　光の武具を身に着けて』（以上、日本キリスト教団出版局）、『説教　十字架上の七つの言葉』（キリスト新聞社）ほか。訳書に W. H. ウィリモン『洗礼』（日本キリスト教団出版局）ほか。

小泉　健　こいずみ・けん
1967 年生まれ。大阪大学、東京神学大学大学院修士課程に学ぶ。2007 年、ハイデルベルク大学より神学博士号取得。日本基督教団五反田教会副牧師、センター北教会牧師を経て、現在、東京神学大学教授（実践神学）、成瀬が丘教会牧師。著書に『主イエスは近い──クリスマスを迎える黙想と祈り』『十字架への道──受難節の黙想と祈り』（共に日本キリスト教団出版局）ほか。訳書に、Ch. メラー『魂への配慮としての説教』（教文館）。

吉田　隆　よしだ・たかし
1961 年生まれ。東北大学、神戸改革派神学校、プリンストン神学校（Th.M.）、カルヴィン神学校（Ph.D.）を卒業。現在、神戸改革派神学校校長、日本キリスト改革派甲子園教会牧師。著書に、『ただ一つの慰め──『ハイデルベルク信仰問答』によるキリスト教入門』（教文館）、『五つのソラから──「宗教改革」後を生きる』『キリスト教の"はじまり"──古代教会史入門』（以上、いのちのことば社）ほか。

荒瀬牧彦　あらせ・まきひこ
1960 年生まれ。上智大学法学部、東京神学大学大学院修士課程に学ぶ。カンバーランド長老キリスト教会田園教会牧師。　日本聖書神学校教授（実践神学）。共著書に『「新しい教会暦」による説教への手引き』『牧師とは何か』、訳書にポール・ブラッドショー『初期キリスト教の礼拝──その概念と実践』（以上、日本キリスト教団出版局）、編著書に『コロナ後の教会の可能性──危機下で問い直す教会・礼拝・宣教』（キリスト新聞社）。

安井　聖　やすい・きよし

1969 年生まれ。愛媛大学、東京聖書学院、立教大学大学院、東京神学大学大学院に学ぶ。2019 年、東京神学大学より神学博士号取得。現在、日本ホーリネス教団西落合キリスト教会牧師、東京聖書学院准教授、関東学院大学・聖学院大学・立教大学非常勤講師。著書に『アタナシオス神学における神論と救済論』(関東学院大学出版会)、共著書に『日本ホーリネス教団史　第一巻　ホーリネス信仰の形成』(日本ホーリネス教団)、『比較文化事典』(明石書店) ほか。

須田　拓　すだ・たく

1973 年生まれ。東京大学理学部数学科卒業後、東京神学大学に編入学。東京神学大学大学院博士課程前期課程修了後、2000 年 4 月より日本基督教団橋本教会主任担任教師。2004 年から 2009 年まで英国ケンブリッジ大学留学。東京神学大学大学院博士課程後期課程修了。現在、橋本教会牧師、東京神学大学教授 (組織神学)。共著書に『贖罪信仰の社会的影響――旧約から現代の人権法制化へ』(青山学院大学総合研究所キリスト教文化研究部編)、訳書にコリン・ガントン『キリストと創造』(共に教文館)。

宮嵜　薫　みやざき・かおる

1984 年東京外国語大学仏語学科卒。東京神学大学、同大学院博士課程前期課程を経て、2021 年 3 月同後期課程満期退学。2013 年 4 月より日本基督教団国立教会伝道師、牧師 (〜 23 年 3 月)。2022 年 4 月より東京神学大学非常勤講師 (旧約・ヘブル語)。共訳書に W. ブルッゲマン『平和とは何か――聖書と教会のヴィジョン』(教文館)、B. S. チャイルズ『教会はイザヤ書をいかに解釈してきたか』(日本キリスト教団出版局)。

本城仰太　ほんじょう・こうた

1978 年生まれ。東京神学大学・大学院に学ぶ。2018 年、東京神学大学より神学博士号取得。日本基督教団松本東教会伝道師・牧師を経て、現在、東京神学大学准教授 (歴史神学)、中渋谷教会牧師。著書に『使徒信条の歴史』(教文館)。

朝岡　勝　あさおか・まさる

1968 年生まれ。東京基督教短期大学、神戸改革派神学校に学ぶ。日本同盟基督教団西大寺キリスト教会、徳丸町キリスト教会牧師を経て、現在、学校法人東京キリスト教学園（東京基督教大学）理事長・学園長、日本同盟基督教団市原平安教会牧師、同教団理事長。著書に『教会に生きる喜び』『大いに喜んで』（共に教文館）、『光を仰いで』『喜びの知らせ』（共にいのちのことば社）ほか。

吉村和雄　よしむら・かずお

1949 年、福島県いわき市生まれ。東京大学工学部卒業、東京神学大学大学院修士課程修了。1990‒2021 年、単立キリスト品川教会主任牧師。現在は同教会名誉牧師。著書に『泉のほとりで』『ふたりで読む教会の結婚式』（共にキリスト品川教会出版局）、『聖書が教える世界とわたしたち』（GC 伝道出版会）、『説教　最後の晩餐』（キリスト新聞社）。訳書に、F. B. クラドック『説教』（教文館）、W. ブルッゲマン『詩編を祈る』、トーマス・ロング『歌いつつ聖徒らと共に』（共に日本キリスト教団出版局）ほか。

服部　修　はっとり・おさむ

1967 年生まれ。1992 年、東京神学大学修士課程修了（専攻：歴史神学）。1995 年、東京神学大学博士課程中退。現在、日本基督教団蕃山町教会主任担任教師。著書に『日々のみことば——生きる力を得るために』（日本キリスト教団出版局）、訳書に J. N. D. ケリー『初期キリスト教信条史』（一麦出版社）。

広田叔弘　ひろた・よしひろ

1960 年生まれ。東京神学大学大学院修了。日本基督教団下石神井教会を経て、現在、梅ヶ丘教会牧師。恵泉女学園中学・高等学校聖書科非常勤講師、同大学客員教授。著書に『詩編を読もう　上』『詩編を読もう　下』（共に日本キリスト教団出版局）。

高橋　誠　たかはし・まこと

1964 年生まれ。四国学院大学、東京聖書学院に学ぶ。日本ホーリネス教団千葉栄光教会副牧師、鳩山のぞみ教会牧師、那覇ホーリネス教会牧師を経て、現在八王子キリスト教会牧師、東京聖書学院講師（牧会学）。共著書に『立ち上がり、歩きなさい』『いつも喜びをもって』（共に教文館）、『永遠のシャローム』（日本ホーリネス教団）ほか。

説教黙想アレテイア叢書

三要文 深読　使徒信条

2023 年 5 月 25 日　初版発行
ⓒ 日本キリスト教団出版局 2023

編集　　日本キリスト教団出版局

発行　　日本キリスト教団出版局
　　　　〒 169-0051
　　　　東京都新宿区西早稲田 2-3-18-41
　　　　電話・営業 03（3204）0422
　　　　　　　編集 03（3204）0424
　　　　https://bp-uccj.jp

印刷　　開成印刷

ISBN978-4-8184-1133-3　C1016　日キ販
Printed in Japan

使徒信条　光の武具を身に着けて

平野克己 著（四六判 128 頁／ 1300 円）

洗礼から始まる新しい信仰の旅路。その途上には「罪と死と悪魔の力」との戦いが絶えないが、代々の聖徒は「光の武具」なる使徒信条を身に着けて、歩みを続けてきた。闇の深まる今の時こそ、使徒信条を学び直そう。

私のキリスト教入門　使徒信条による

隅谷三喜男 著（四六判 144 頁／ 1400 円）

労働経済学で先駆的な学問的業績をあげた社会科学者が、所属教会の「キリスト教入門講座」で語ったものを書籍化。使徒信条に照らし、自身の信仰告白としてのキリスト教理解をわかりやすく語る。

洗礼を受けるあなたに　キリスト教について知ってほしいこと

越川弘英、増田琴、小友聡、柳下明子、山本光一 著

（四六判 152 頁／ 1600 円）

求道者、洗礼志願者の学びのための入門書。人間とは何かという問いから始まり、聖書・教会へと焦点を絞って洗礼の意義を説く。そして洗礼を受けてからの信仰生活や社会との関わりについて、懇切に手引きする。

10 代と歩む　洗礼・堅信への道

朴憲郁、平野克己 監修（B5 判 144 頁／ 2000 円）

十代の洗礼志願者が楽しく学べるように工夫された参加型プログラム。カテキスト（指導者）のためのわかりやすい教理の説明、洗礼・堅信の意義、志願者のケアも掲載。「聖書」「教会」「聖餐」など 15 のテーマを扱う。

（価格は本体価格です。重版の際に変わることがあります）